DE LA

CONDITION DE L'ENFANT NATUREL

ET DE LA CONCUBINE

DANS LA LÉGISLATION ROMAINE

Par PAUL GIDE

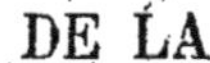

PARIS

ALPHONSE PICARD, ÉDITEUR

LIBRAIRE DES ARCHIVES NATIONALES ET DE LA SOCIÉTÉ
DE L'ÉCOLE DES CHARTES.

ÉDITEUR DES COMPTES-RENDUS DE L'ACADÉMIE DES SCIENCES
MORALES ET POLITIQUES, ETC.,
rue Bonaparte, 82.

1880

DE LA

CONDITION DE L'ENFANT NATUREL

ET DE LA CONCUBINE

DANS LA LÉGISLATION ROMAINE.

EXTRAIT DU COMPTE-RENDU
De l'Académie des Sciences morales et politiques
(INSTITUT DE FRANCE)
Par M. Ch. VERGÉ,
Sous la direction de M. le Secrétaire perpétuel de l'Académie.
(Communications des Savants étrangers.)

DE LA

CONDITION DE L'ENFANT NATUREL

ET DE LA CONCUBINE

DANS LA LÉGISLATION ROMAINE

Par PAUL GIDE.

— ◦—◦—◦ —

PARIS

ALPHONSE PICARD, ÉDITEUR

LIBRAIRE DES ARCHIVES NATIONALES ET DE LA SOCIÉTE
DE L'ÉCOLE DES CHARTES.
ÉDITEUR DES COMPTES-RENDUS DE L'ACADÉMIE DES SCIENCES
MORALES ET POLITIQUES, ETC.,
rue Bonaparte, 82.

—

1880

DE LA CONDITION DE L'ENFANT NATUREL

ET DE LA CONCUBINE

DANS LA LÉGISLATION ROMAINE.

Les questions relatives à la constitution de la famille sont aussi anciennes que l'humanité. Mais elles ne se sont dégagées qu'à la longue, et il a fallu bien des siècles de progrès et d'efforts pour que la science parvînt, je ne dis pas à les résoudre, mais seulement à les poser. La question des enfants naturels, notamment, qui de nos jours préoccupe si vivement le législateur et le juriste, ne les a pas toujours préoccupés, et les plus grands jurisconsultes de tous les temps, les jurisconsultes romains, ne l'ont pas même aperçue. Sur ce point capital, l'ancienne loi romaine est restée muette ; elle ne s'est occupée des enfants illégitimes, ni pour les protéger, ni pour les frapper ; le règlement de leurs droits, qui tient une si grande place dans notre jurisprudence et dans nos codes, ne tient pas la plus petite place dans l'immense recueil du Digeste, et Justinien a pu dire, sans trop d'exagération, que, jusqu'à Constantin, c'est-à-dire durant toute la période classique de la jurisprudence romaine, le nom même d'enfant naturel était resté étranger à la langue du droit (1).

(1) Novelle 89, *præf.* : « Τὸ τῶν νοθων ὄνομα τῇ Ρωμαίων νομοθεσίᾳ πρῳην οὐ διεσπούδαστο, οὐδέ τις ἦν περὶ αὐτὸ φιλανθρωπία, ἀλλ᾽ὡς ἔκφυλόν τι καὶ

Les naissances illégitimes auraient-elles été plus rares dans l'ancienne Rome qu'elles ne le sont de nos jours? Tout au contraire : la multiplicité des enfants naturels, est, on le sait, une des tristes conséquences de l'esclavage, et jamais on ne vit plus d'esclaves et plus d'affranchis que dans la société romaine aux premiers siècles de l'Empire. Si l'on veut se faire une idée de l'état des mœurs à cette époque, l'on n'a qu'à jeter les yeux sur quelques recueils épigraphiques: dans plusieurs inscriptions tumulaires, l'on sera surpris de voir figurer, à côté de la femme et des enfants légitimes du défunt, ses bâtards et ses concubines (1). Le Digeste même, qui présente au sujet des enfants naturels l'étrange lacune que je signalais tout à l'heure, consacre à la concubine un titre spécial (2) : à l'inverse des codes modernes, il s'occupe, non pas des enfants illégitimes, mais de leurs mères. Enfin il est un fait peut-être plus significatif encore que ces divers témoignages : Alexandre Sévère, nous dit Lampride, voulut que chaque gouverneur de province reçût en partant, aux frais du trésor, tout ce qui lui était nécessaire, des habits de cérémonie, une certaine somme d'or et d'argent, des che-

πάντελῶς ἀλλότριον τοῦ πολιτεύματος ἐνομίζετο, ἐκ δὲ τῶν Κωνσταντίνου τοῦ τῆς εὐσεβοῦς λήξεως χρόνων ἐν τοῖς τῶν διατάξεων ἐνεγράφη βιβλίοις. » « Naturalium nomen romanæ legislationi dudum non erat in studium, nec quælibet circa hoc fuit humanitas, sed tanquam alienigenum aliquid et omnino alienum a republica putabatur, a Constantini vero piæ memoriæ temporibus constitutionum scriptum est libris. »

(1) Gruter, p. 631, 5; p. 938, 2; Orelli, nᵒˢ 2,673, 2,687, 2,689, 2,691, 4,093; Wilmanns, nᵒ 330; Mommsen (dans le *Corpus inscript.* de Berlin, t. V, 1), nᵒ 1,918 : « P. Cervonius P. f. Marinus testamento fieri jussit sibi et Cinciai Sex. f. secundai uxori Ciliai concubinai. » Au-dessus de l'inscription, sont gravées trois effigies : au milieu, celle du défunt; d'un côté, celle de sa femme ; de l'autre, celle de sa concubine.

(2) L. 25, t. 7, *de concubinis.*

vaux, un cocher, un cuisinier, enfin, «s'il n'était pas marié, une concubine; car ce sont là des choses (c'est toujours Lampride qui parle) sans lesquelles on ne peut pas vivre », « *quod sine his esse non possunt.* (1).»

Tels sont les deux faits, en apparence contradictoires, que nous présente la société païenne : l'indulgence des mœurs pour les unions irrégulières, l'indifférence des lois pour les enfants issus de ces unions. Avec le christianisme, un double changement s'opère et un nouveau contraste se produit: la loi est devenue à la fois plus morale et plus humaine, et, cédant tour à tour à deux tendances opposées, tantôt elle sévit contre les enfants naturels par haine du concubinage, tantôt elle les protége par un sentiment d'humanité. Il faut donc distinguer, en cette matière, deux périodes législatives: dans la première, la loi, indifférente et muette à l'égard des enfants naturels, n'a pour eux ni sévérité ni bienveillance et les laisse sous l'empire du droit commun; dans la seconde période, au contraire, la loi, soucieuse de leur sort, prodigue pour eux les dispositions exceptionnelles, et, tempérant les rigueurs par les bienfaits, les incapacités par les priviléges, prend soin de fixer en même temps le maximum et le minimum de leurs droits. Ce dernier système est, au fond, celui de la loi moderne; le premier, au contraire, est si loin de nos idées et de nos mœurs qu'il a été souvent mal compris; je voudrais essayer de le faire comprendre.

I

J'ai déjà remarqué que le Digeste, qui ne traite point des enfants naturels, renferme un titre spécial sur les concubines. C'est ce titre qui doit nous servir de point de départ

(1) Lampride, *Alexandre Sévère,* 42.

dans ces recherches : quand les jurisconsultes romains nous auront appris quelle était la condition juridique de la mère, il nous sera plus aisé de comprendre quelle pouvait être celle de l'enfant.

Par la place qu'il occupe dans les Pandectes, le titre *De concubinis* semble se rattacher à l'ensemble des titres qui concernent le mariage et les rapports des époux: placé à la suite de ces titres, il en forme, soit le complément, soit l'appendice. Dans les cinq fragments qui le composent, les jurisconsultes recherchent comment on peut distinguer la concubine d'avec la légitime épouse, ils indiquent quelles femmes il est permis de prendre pour concubines, quels sont les devoirs d'une femme affranchie qui vit en concubinage avec son patron ; enfin ils remarquent que le concubinage, en lui-même, n'est point un délit, et la raison qu'ils en donnent mérite d'être notée : « Le *concubinatus*, disent-ils, tient son nom des lois, et par conséquent il ne tombe pas sous le coup de la loi pénale.— *Quia concubinatus per leges nomen assumpsit, extra legis pœnam est* (1). »

Au premier aperçu, l'idée générale qui semble se dégager de tous ces textes, c'est que le *concubinatus* était, comme le mariage, une union consacrée et réglée par les lois, un *semi-matrimonium*, comme l'appelait Cujas (2), une sorte de mariage morganatique, comme disait Heineccius (3), une *hémigamie*, comme l'a dit un illustre savant moderne (4), en

(1) L. 3, § 1, D. *h. t.*, 25, 7.

(2) *Ad Codicem*, V, 26 ; VI, 57 (éd. Fabrot, t. IX, col. 575, 953). C'est Cujas qui, le premier, je crois, a formulé nettement et accrédité cette doctrine.

(3) *Elem. juris german.* (éd. de Genève, 1744, t. VI, p. 149, 151). Voyez aussi *Comm. ad L. Papiam Poppœam*, L. II, c. IV (t. VII, p 164 et suiv.).

(4) Ch. Giraud, *Hist. du dr. de propriété*, t. II, p. 33, note. M. Ch. Giraud vient de reprendre l'étude de cette question dans un mémoire im-

un mot une véritable institution juridique, et, pour désigner cette institution dans notre langue, pour traduire le mot *concubinatus*, les interprètes ont cru nécessaire de forger un mot nouveau, le mot de *concubinat*.

Quelque autorisée, quelque générale que soit cette opinion (1), j'oserai cependant la combattre. Le *concubinatus*, à mes yeux, n'a rien de commun avec une institution juridique: les rapports avec une concubine, au temps des Romains, n'étaient pas autre chose que ce qu'ils sont de notre temps, un

portant dont il n'a publié encore que la première partie (*Journal des Savants*, mars 1880, p. 176 et suiv.)

(1) C'est l'opinion commune, mais non pas l'opinion universelle. Malgré l'autorité de Cujas, qui a entraîné le gros des interprètes, cette doctrine a rencontré de tout temps des contradicteurs. Qu'il me suffise de citer le plus grand des devanciers de Cujas, Bartole; le plus grand de ses émules, Doneau; le plus accrédité de ses élèves, Pothier; enfin, parmi les fondateurs de la nouvelle école allemande, le plus célèbre après Savigny, Puchta (Savigny n'a pas touché à la question). — Bartole, *ad tit. de concubinis, rubr. in concubinatu:* « ... Quædam est conjunctio quæ a lege non est approbata nec improbata, ut coitus concubinarius... Et hoc vult dicere textus quod concubinatus assumpsit nomen per legem, sc. nudum, non quod per legem talis coitus sit approbatus vel reprobatus, sed remanet in primo jure naturali. » — Doneau (*ad L. 121, D. de V. O.*) ne traite la question qu'incidemment : il soutient que l'homme marié lui-même pouvait avoir une concubine. Voyez *infra*, p. 20, note. — Pothier *Pandectæ*, l. XXV, tit. 7 : « ... Concubinatus, ut pote naturalis tantum, lege quidem permittente contrahitur, at non ex lege ; unde et minus proprie legitima dicitur, et civilia jura non parit. » — Puchta, *Cursus der Institut.*, § 287 : « ... Das bloss Factische hat er (der Concubinat) mit der Ehe gemein, nicht das Rechtliche. Die Rœmer sagen von him : *per leges nomen assumsit*, er hat eine rechtliche Bedeutung durch Leges erhalten. Dieser Ausdruch bezieht sich warscheinlich auf die Lex Julia *de adulteriis*, welche bestimmte dass der Concubinat nicht als eine unerlaubte Geschlechtsverbindung betrachtet, nicht als Stuprum bestraft werden solle. » — Voyez dans le même sens Bonnier, sur Ortolan, *Append.* II.

simple fait, dépourvu de tout caractère, de tout effet légal. Le mot de *concubinat* doit être rayé de notre langue, et l'idée chimérique dont ce mot est l'expression doit être bannie de la science. La vraie traduction du mot *concubinatus*, ce n'est point *concubinat*, c'est *concubinage*.

Cette assertion, je l'avoue, peut sembler un paradoxe en présence des textes du Digeste que je citais tout à l'heure. Mais, pour bien comprendre ces textes, il ne suffit pas de les considérer isolément : ces textes sont des fragments, dont le vrai sens ne se révèle que si l'on a soin de les rattacher aux fragments qui les complètent. Nous devons donc élargir pour un moment le cadre de cette étude et placer à côté du *concubinatus* les institutions romaines qui l'avoisinent.

L'union des deux sexes, considérée au point de vue juridique, peut présenter, suivant les circonstances, trois caractères bien différents : tantôt c'est un mariage, que la loi consacre ; tantôt c'est un attentat aux mœurs, que la loi punit ; tantôt enfin c'est un acte indifférent, ni criminel ni légitime, un simple fait qui n'existe pas aux yeux de la loi. Cette distinction, qui se retrouve dans toutes les sociétés policées, est nettement exprimée par la loi romaine : l'union légitime, ce sont les *justæ nuptiæ* ; l'union criminelle, c'est le *stuprum* ; enfin l'union dépourvue de tout caractère juridique, celle dont la loi ne s'occupe, ni pour la confirmer, ni pour la prohiber, c'est le *concubinatus*.

De cet aperçu général, nous pouvons tirer une conséquence importante : c'est que le *concubinatus*, bien qu'étant un fait extra-légal, est cependant défini par la loi ; car il se trouve placé entre deux faits légaux, les *justæ nuptiæ* et le *stuprum*, et la loi, qui a défini ces deux faits et en a tracé les limites, a par là-même circonscrit le *concubinatus* qui se trouvait entre eux deux. Tracer cette double limite, tel est l'objet et l'objet unique de tous les textes qui composent le titre *De concubinis*, en sorte que toute l'explication de ce titre dépend des deux questions suivantes : qu'était-ce que les *justæ nuptiæ?* qu'était-ce que le *stuprum?*

Sur ces deux questions, la réponse du droit romain n'est point celle du droit moderne. Les *justæ nuptiæ* ne ressemblent guères au mariage de notre code civil, et le *stuprum* ressemble moins encore à l'attentat aux mœurs de notre code pénal. Il est nécessaire d'insister sur cette double différence : en l'expliquant, j'expliquerai par là-même, je l'espère du moins, toutes les difficultés que présente la matière du concubinat.

On connait l'esprit formaliste de l'ancienne jurisprudence romaine. L'on sait qu'elle se plaisait à revêtir de formes régulières et de formules précises les actes les plus ordinaires et les plus simples de la vie civile. Mais, chose étrange! cette jurisprudence qui exigeait des formes là où elles nous paraissent superflues, cessait au contraire d'en exiger là où elles nous semblent indispensables, dans l'acte le plus important de la vie, dans le mariage. En vain les interprètes modernes se sont-ils longtemps appliqués à rechercher quelles pouvaient être, chez les Romains, les formes légales du mariage : ils n'ont rien découvert, et ils ne pouvaient rien découvrir, car ce qu'ils cherchaient n'existe pas. En se dégageant de la *conventio in manum*, qui, dès le siècle d'Auguste, tombait en désuétude, le mariage romain se dépouilla de toute forme juridique. Les cérémonies, sacrées ou profanes, qui l'entouraient d'ordinaire, étaient imposées par la religion ou par les mœurs, mais non par les lois. Ce sont les poètes et les mythographes qui nous ont décrit ces cérémonies, les jurisconsultes les mentionnent à peine et n'y attachent aucune importance; à leurs yeux, pour qu'il y ait *justæ nuptiæ*, il suffit que deux personnes, légalement capables de se marier, vivent ensemble comme mari et femme; ce qui constitue le mariage, c'est la possession d'état, et la question de savoir à quel moment le mariage est accompli, n'est pas une question de droit, mais une question de fait (1).

Et si l'on me demande pourquoi cette absence de forme dans le mariage se rencontre précisément dans la plus formaliste de toutes les législations, voici ce que je répondrai. Plus une loi est formaliste, plus elle est étroite; en resserrant le champ des actes juridiques dans des cadres réguliers et inflexibles, elle rétrécit son domaine, et bien des rapports sociaux qui ont pu rentrer dans la sphère d'un droit souple et flexible comme le nôtre, restaient en dehors d'un droit strict et rigide comme l'était le droit romain. L'un des traits caractéristiques de la jurisprudence romaine était de ramener toute question de droit à une question d'argent, et le mariage, qui n'est pas un contrat pécuniaire, sortait par là-même du cercle étroit des actes juridiques proprement dits. Les *justæ nuptiæ* n'étaient *justæ*, c'est-à-dire réglées par le droit, que relativement à leurs effets et aux conditions de capacité des deux époux. Quant à la forme et à la célébration du mariage, la loi ne s'en occupait nullement.

Il résulte de là qu'il n'y avait pas de signe légal qui distinguât le mariage et le séparât de l'union irrégulière. C'est ce qu'observent les jurisconsultes romains. Le seul trait, disent-ils, auquel on reconnait la légitime épouse, c'est la possession d'état: *honor maritalis, affectio, dignitas*. C'est là

---

(1) L. 66, *pr.* et § 1, D. *de donat. i. v. et u.*, 24, 1 ; — L. 31, *pr.*, D. *de donat.*, 39, 5 ; — L. 9, C. *de nupt.*, 5, 4. — Quintilien, *Declam.* 247, *in fine :* « Fingamus nuptias quidem fecisse nullas, coisse autem liberorum creandorum gratia ; non tamen uxor non erit, quamvis nuptiis non sit collocata. »

tout ce qui la distingue de la concubine : « *Sane enim, nisi dignitate, nihil interest. — Concubinam ex sola animi destinatione æstimari oportet. — Ab uxore solo dilectu separatur* » (1). On se méprendrait sur le sens de ces textes, si l'on en concluait que, en pratique et dans les rapports de la vie sociale, l'*uxor* et la *concubina* se ressemblaient et se pouvaient confondre aisément. Dans les différentes espèces relatées au Digeste, je ne trouve pas un seul exemple d'une semblable confusion, et je crois pouvoir affirmer que la différence entre la concubine et la femme légitime était, en fait, aussi nette, aussi tranchée dans la société romaine qu'elle peut l'être de nos jours. De nos jours encore, ce qui entoure l'union conjugale de cette notoriété qui assure la dignité de l'épouse et l'honneur de la famille, ce n'est pas la publicité fugitive d'une célébration à la mairie, ni la publicité fictive d'une inscription aux registres de l'état civil, c'est une publicité plus constante et plus réelle, c'est la possession d'état. Cette publicité suffisait aux Romains, et ce qui montre bien qu'elle peut suffire, c'est que, aujourd'hui encore, en pleine civilisation chrétienne, il est des codes qui n'exigent pour la validité du mariage aucune forme légale, aucune célébration (2).

J'ai marqué la limite qui sépare le concubinage de l'union légitime ; je vais tracer maintenant celle qui le sépare des unions illicites et condamnées par la loi. Nous rencontrons ici une autre singularité du droit romain. Qui le croirait ! au temps de Juvénal et de Pétrone, la loi était bien plus sévère sur les mœurs qu'elle ne l'est aujourd'hui. Elle ne se bornait pas, comme notre code pénal, à punir le rapt ou l'adultère : le simple commerce avec une femme non mariée,

(1) L. 4, D. *h. t.*; — L. 49, § 4, D. *de L.*, 3°, 32 ; — Paul, *Sent.*, II, 20.
(2) Je citerai notamment l'un des codes les plus récents et les plus complets, le Code de Californie, art. 68, 75.

elle le traitait comme un crime. Elle ouvrait contre les deux coupables une accusation publique ; elle les frappait de peines rigoureuses, la confiscation et l'exil. Telles étaient les dispositions de la fameuse loi *de adulteriis et pudicitia*, qui fut rendue sous Auguste. Avant l'Empire, la loi romaine se montrait moins rigide, ou plutôt moins indiscrète : elle plaçait l'honneur et la vertu des femmes sous la garde de leurs familles ; c'est à un tribunal domestique qu'elle déférait la coupable ; ses seuls juges, c'étaient son père, son mari, ses proches ou ses tuteurs (1). Mais les tribunaux domestiques disparurent avec les institutions et les mœurs patriarchales. Dans la société corrompue du siècle d'Auguste, la femme trouvait dans sa famille des complices de sa honte plus souvent que des gardiens de son honneur. Auguste, voulant ramener les Romains dégénérés aux mœurs sévères de leurs ancêtres, transporta les attributions du tribunal de famille aux tribunaux de l'Etat, et dès lors le libertinage, qui n'était qu'un délit domestique, devint un délit public.

Toutefois Auguste était un politique trop avisé pour vouloir l'impossible, et, en édictant la loi *de pudicitia*, il n'entendait nullement faire de la continence un devoir civique. A côté du libertinage que la loi punit, il y a celui qu'elle tolère ; les jurisconsultes les distinguent l'un de l'autre avec leur précision habituelle : ils qualifient le premier de *stuprum*, le second de *concubinatus*. Dès lors, ce mot de *concu-*

---

(1) Suétone, *Tibère*, 35 : « Matronas prostatæ pudicitiæ, quibus adcusator publicus deesset, ut propinqui *more majorum* de communi sententia coercerent, auctor fuit. » — Tacite, *Ann.*, XIII, 32 : « Is, *prisco instituto*, propinquis coram, de capite famaque conjugis cognovit. » Cf. Tite-Live, XXXIX, 18 ; Valère-Maxime, VI, 3, § 7. — Si parfois le magistrat public intervenait (Tite-Live, X, 31 ; XXV, 2 *in fine*), c'était sans doute dans des cas exceptionnels. Ihering, *Geist des ræm. Rechts*, t. II, note 339.

binatus va prendre, sous la plume des interprètes de la loi *Julia*, une signification plus précise que celle qu'il avait autrefois : il ne désignera plus indifféremment toute espèce de concubinage (1), il désignera spécialement le simple concubinage, celui qui n'est point puni par la loi. Ces observations vont nous faire comprendre un fragment de notre titre que j'ai déjà cité et qui a donné lieu à bien des méprises : « *Quia concubinatus per leges nomen assumpsit, extra legis pœnam est* » (2). Les *leges* que le jurisconsulte a ici en vue, sont sans contredit la loi *Julia de adulteriis*, dont j'ai parlé, et une seconde loi qui s'y rattache et la complète, la loi *Papia Pappœa* (3). Ces lois, en définissant le concubinage qu'elles punissaient, ont implicitement défini celui qu'elles ne punissaient pas ; en attachant au premier le nom de *stuprum*, elles ont par là-même restreint et précisé le sens du mot *concubinatus*. Si ce mot a pris un sens juridique, s'il est entré dans la langue technique du droit, c'est seulement depuis les lois d'Auguste, et à l'occasion de ces lois : « *Per leges nomen assumpsit.* »

Quelle était donc la limite qui séparait le concubinage licite du concubinage criminel ? Elle était bien nettement tracée : tout dépendait d'un seul point, la condition de la concubine, et, à cet égard, la loi distinguait deux classes de femmes : celles qu'on honorait du nom de *matrones*, celles à qui ce titre était refusé. Avec les premières, le con-

(1) C'était là le sens primitif du mot *concubinatus*, sens qui s'est conservé dans la langue littéraire (Suétone, *Néron*, 28 : «... nuptarum concubinatus »; — Tacite, *Hist.*, I, 72 : «... stupra concubinarum ») et que l'on retrouve encore au Digeste. L. 144, D. *de V. S.*, 50, 16.

(2) L. 3, § 1, D. *h. t.*

(3) Tout le monde est d'accord là-dessus. L'on sait que le mot *leges*, sans autre indication, désigne presque toujours, dans le langage des jurisconsultes romains, les lois *caducaires.*

cubinage était un crime, un *stuprum*; avec les secondes, le concubinage n'était qu'un fait indifférent aux yeux de la loi; c'était le *concubinatus* proprement dit.

Cette distinction, que les mœurs avaient établie bien avant qu'Auguste l'inscrivît dans les lois, se rattache à l'un des traits les plus caractéristiques de la société romaine. Cette société, moins démocratique qu'on ne le suppose, même au temps de Marius et des Gracques, ne connut jamais le principe moderne de l'égalité devant la loi. Les droits qui, de nos jours, appartiennent à chacun par cela seul qu'il est homme, étaient alors l'apanage de quelques privilégiés. La loi ne savait protéger les uns qu'en opprimant les autres : pour enrichir le quirite, elle dépouillait l'esclave, l'affranchi, le pérégrin ; pour relever l'honneur et la dignité de la matrone, elle vouait les autres femmes à l'opprobre et à l'infamie.

La qualification de *matrone* ou de *materfamilias* (1) a, dans la langue des jurisconsultes romains, une signification nette et précise. Pour avoir droit à ce titre, la femme n'a pas besoin de devenir épouse et mère (2). Il n'est pas nécessaire non plus qu'elle soit de race patricienne, il suffit qu'elle ait pour père un citoyen romain (3), ce qui est déjà une noblesse.

(1) Ces deux mots sont synonymes. L. 15, § 15, D. *de injur.*, 47, 10. Cujas, *Observ.*, III, 18.

(2) L. 15, § 15, D. *de injur.*, 47, 10 ; — L. 46, § 1, D. *de V. S.*, 50, 16. — Le mot *materfamilias* avait primitivement un sens plus étroit. Cicéron, *Topic.*, 3 ; cf. *infrá*, p. 22, note 3, *in fine*.

(3) L. 46, § 1, D. *de V. S.*, 50, 16, « ... Neque nuptiæ neque natales faciunt matremfamilias, sed boni mores. » — Certains textes semblent dénier la qualité de matrone à la femme « quæ obscuro loco nata est » (L. 3, *pr.*, D. *h. t.*), ainsi qu'à « l'humilis vel abjecta persona » (L. 1, C. *de natur. lib.*, 5, 27). Mais voyez L. 7, C. *de inc. nupt.*, 5, 5. — Quant à l'affranchie, voyez *infra*, p. 14, note 2.

Il faut de plus qu'elle ait conservé, par une vie honorable et pure, cette dignité que lui donnait sa naissance. « *Matrem-familias accipere debemus quæ non inhoneste vixit* » (1). « *Cum audis matremfamilias, accipe notæ auctoritatis feminam* » (2). A ces conditions, la femme romaine avait le droit de porter la tunique blanche à longs plis, la *stola*, qui était le noble insigne de la matrone, comme la toge celui du quirite (3). Elle avait le droit de sortir en litière, comme les magistrats ou les sénateurs, et chacun lui cédait le pas (4). Mais à ces grands honneurs étaient attachés de grands devoirs : c'est à la matrone qu'étaient confiés l'éducation des enfants, le gouvernement de la maison, le culte des divinités du foyer. Sur l'autel domestique de même que sur l'autel du temple de Vesta, le feu sacré devait être entretenu par des mains chastes et pures. L'épouse ou la vierge qui manquait à ses devoirs et souillait le sanctuaire de la famille, commettait un véritable sacrilége. En punissant sa faute comme un crime, Auguste restait fidèle aux saintes traditions du passé (5).

En fce de laa *materfamilias*, nous devons placer maintenant les femmes à qui la société romaine refusait ce titre

(1) L. 46, § 1, D. *de V. S.*, 50, 16, Voyez aussi L. 41, § 1, D. *de R. N.*, 23, 2.

(2) L. 3, *in fine*, D. *de lib. exh.*, 43, 30.

(3) « Matronas appellabant eas fere quibus stolas habendi jus erat. » Paul Diacre, p. 125 (éd. Müller). — « ... quas, si quæ leges a maritalibus et matronalibus decoramentis coercebant... » Tertullien, *de cultu femin.*, 12. — Voyez aussi L. 15, § 15, D. *de injur.*, 47, 10 (*ancillaris vestis, meretricia vestis, matronalis habitus.*)

(4) Plutarque, *Romulus*, 20. Valère-Maxime, V, 2, § 1. Dion Cassius, LVII, 15. Lampride, *Héliogabale*, 4.

(5) « Legibus novis latis et reduxi multa exempla majorum exolescentia jam ex nostra civitate. » *Monum. Ancyr.*, II, lin. 12. Ed. Mommsen. — Déjà sous la République le *stuprum* était puni de l'exil. Suétone, *Tibère*, 35. Tite-Live, XXV, 2.

d'honneur et qu'elle réléguait, suivant l'expression du poète Horace, *in classe secunda* (1). Dans cette classe inférieure, nous trouvons d'abord toutes les femmes qui n'ont pas un citoyen romain pour père : ces femmes n'ont pas de famille dans le sens romain du mot, et, par conséquent, pas de dieux domestiques, pas de culte héréditaire : ce sont les esclaves, les affranchies (2), peut-être aussi les étrangères, enfin celles qui doivent le jour à une union irrégulière et n'ont pas de père aux yeux de la loi. A côté de ces femmes, que leur naissance même privait de la dignité de matrone, il faut placer celles qui avaient perdu cette dignité par l'effet d'une déchéance : toute matrone qui manquait à ses devoirs, était déchue de ses droits ; elle devait dépouiller la *stola* et revêtir la tunique des affranchies ou des courtisanes, avec lesquelles elle allait être désormais confondue (3). Enfin la loi rangeait dans la même classe les femmes que leur métier ou leur profession forçait à se produire en public, à se mêler aux hommes, et à sortir de cette réserve qui, dans les idées romaines, était inséparable de la *dignitas matronalis*. Ici se rencontrent pêle-mêle, dans les énumérations des jurisconsultes (4), la femme qui tient un cabaret, une auberge,

(1) *Satir.*, I, ii, v. 94 *sqq.*

(2) Horace, *loc. cit.* — L. 7, C. *de inc. nupt.*, 5, 5. — Je croirais volontiers que, dans les LL. 24, D. *de R. N.*, 23, 2, et 34, D. *ad L. J. de adult.*, 48, 5, le mot *libera* est pris comme synonyme d'*ingenua*. Cf. *Fragm. Vatic.*, § 308 («... libertus continetur servi appellatione. ») — Toutefois l'affranchie était soumise aux mêmes lois que la matrone, si elle devenait l'épouse ou même la concubine de son patron. Voyez *infra*, p. 23, note 1.

(3) « Matronæ quæ a maritis repudiabantur propter adulterium, togam accipiebant, sublata stola alba, propter ignominiam. » Comment. Cruquianus, *ad Horat. Satir. I*, ii, v. 62.

(4) Ulpien, 13 ; — Paul, II, 26, § 11 ; — L. 1, C. *de natur. lib.*, 5, 27.

une boutique, celle qui vend au marché, celle qui figure dans les spectacles publics et dans les jeux du cirque, la courtisane, l'entremetteuse, la fille publique. Pour toutes ces femmes, la loi *de pudicitia* se montrait aussi indulgente qu'elle était sévère pour la matrone. La loi ne descendait pas jusqu'à elles, et leur bassesse même assurait leur impunité (1). A l'égard de ces femmes, tout était permis : c'était la part que la politique d'Auguste avait ménagée au libertinage. « Gardez-vous des matrones, disait le poète Horace aux jeunes romains de son temps ; leur conquête est trop périlleuse. *Tutior, at quanto merx est in classe secunda* (2) ».

En traçant ainsi une ligne de démarcation entre la caste des matrones et la caste inférieure, la loi séparait le *concubinatus*, soit de l'attentat aux mœurs, soit du mariage. Avec la matrone, le *concubinatus* était impossible : ici la loi ne laissait pas de moyen terme entre l'union légitime et l'union criminelle, entre les *justæ nuptiæ* et le *stuprum*. Au contraire, avec les femmes de la seconde classe, il ne pouvait y avoir *stuprum* ; il ne pouvait, le plus souvent, y avoir mariage : une telle mésalliance était interdite, soit par les lois (3), soit tout au moins par l'opinion et par les mœurs. C'étaient ces femmes que les Romains prenaient pour concubines : « *Puto solas eas*, dit Ulpien, *in concubinatu habere*

______

(1) L. 29 (al. 28), C. ad L. J. de adult., 9, 9 : « ..... Cum ab his feminis pudicitiæ ratio requiratur quæ juris nexibus detinentur et matris familias nomen obtinent, hæ autem immunes a judiciaria severitate et stupri et adulterii præstentur quas vilitas vitæ dignas legum observatione non credidit. » — Cf. saint Jérôme, *epist. 78 ad Oceanum* (ed. Vallars., t. I, p. 459) : « ..... Impudicitiæ frena laxantur, et, solo stupro atque adulterio condemnato, passim per lupanaria et ancillas libido permittitur, quasi culpam dignitas faciat, non voluntas. »

(2) Horace, *Satir.*, I, II, v. 94, *sqq.*

(3) Ulpien, XIII, 1, 2.

posse sine metu criminis, in quas stuprum non commilti-
tur (1). »

Mais ces limites que la loi avait posées entre les deux castes,
ne furent pas toujours respectées. Tantôt ce fut l'humble
affranchie, la vile courtisane, qui tenta de s'élever au rang
des matrones. Tantôt ce fut la matrone elle-même qui, du
haut de sa dignité, osa descendre dans ces bas-fonds de la
société romaine où l'on trouvait la liberté du vice et l'impunité du déshonneur. L'on vit, au temps d'Auguste et de
Tibère, de nobles et riches Romaines se dépouiller de la chaste
stola et se montrer dans les rues de Rome avec la tunique
brillante et légère de la courtisane. L'on vit des filles et des
femmes de sénateur solliciter, au bureau des édiles, leur
inscription dans le registre des prostituées (2). La loi résista,
s'arma de pénalités nouvelles (3). Mais les mœurs furent
plus fortes que la loi. Au troisième siècle de notre ère, au
temps d'Ulpien, la sévérité de la jurisprudence s'était, ce
semble, un peu relachée, et les fragments du Digeste qui
datent de cette époque, trahissent, si je ne me trompe, certaines hésitations, certains dissentiments entre les juriscon-

(1) L. 1, § 1, D. *h. t.*

(2) Suétone, *Tibère*, 35 : « Feminæ famosæ, ut ad evitandas legum
pœnas jure ac dignitate matronali exsolverentur, lenocinium profiteri
cœperant. » — Tacite, *Ann.*, II, 85 : « Vestilia, prætoria familia genita;
licentiam stupri apud ædiles vulgaverat. »

(3) Tacite, *Ann.*, II, 85 : « Gravibus senatus decretis libido mulierum
coercita... » — L. 10, § 2, D. *ad L. J. de adult.*, 48, 5 : « Mulier quæ evi-
tandæ pœnæ adulterii (i. e. stupri. Voyez *infra*, p. 20, note 1) gratia
lenocinium fecerit, aut operas suas in scænam locavit, adulterii accusari
damnarique ex senatus consulto potest. » — Tertullien, *de pallio*, 4
(t. I, p. 941, éd. Oehler), rapporte que au temps de Tibère, sur la proposition de l'augure Lentulus, l'on étendit les peines du *stuprum* contre la
matrone qui sortait en public sans être revêtue de la *stola*.

sultes d'alors. Ulpien est resté fidèle à l'ancienne doctrine ; d'après lui, la dignité de matrone est indélébile : quiconque prend une matrone pour concubine, commet un délit et encourt la peine du *stuprum* (1). D'après Marcien, au contraire, l'on peut impunément prendre pour concubine une femme de condition honorable, pourvu qu'on le fasse ouvertement, *cum testatione hoc manifestum faciente* (2); car la femme, par ce fait et cette déclaration, perd son rang et ses droits de matrone (3), et par suite le commerce avec elle n'est plus un *stuprum*, mais un *concubinatus*. Cette doctrine était peut-être moins logique, mais elle était mieux accommodée aux mœurs du temps ; aussi finit-elle par prévaloir (4). Et tandis que des matrones descendaient ainsi au rang de concubines,

(1) L. 1, § 1, D. *h. t.* : « Cum Atilicino sentio, et puto solas eas in concubinatu habere posse sine metu criminis, in quas stuprum non committitur. » Atilicinus vivait sous les premiers successeurs d'Auguste.

(2) L. 3, *pr.*, D. *h. t.* : « In concubinatu potest esse et aliena liberta (cf. *infra*, p. 22, note 3), et ingenua, et maxime ea quæ obscuro loco nata est vel quæstum corpore fecit ; alioquin, si honestæ vitæ et ingenuam mulierem in concubinatum habere maluerit, sine testatione hoc manifestum faciente non conceditur, sed necesse est ei, vel uxorem eam habere, vel hoc recusantem stuprum cum ea committere. »

 (3) L. 41, § 1, D. *de R. N.*, 23, 2 : « Et si qua se in concubinatu alterius quam patroni (cf. *infra*, p. 23, note 1) tradidisset, matrisfamilias honestatem non habuisse dico. »

(4) L. 16, § 1, D. *de his quæ ut ind.* 34, 9 (Papinien) : « Quoniam stuprum in ea contrahi non placuit quæ se non patroni (cf. *infra*, p. 22, note 3) concubinam esse patitur..... » Les mots *quoniam non placuit...* montrent que cette doctrine n'avait été introduite que par un progrès de la jurisprudence. — L. 34, *pr.*, D. *ad L. J. de adult.*, 48, 5 (Modestin) : « Stuprum committit qui liberam (i. e. ingenuam. Voyez *supra*, p. 14, note 2) mulierem consuetudinis causa, non matrimonii continet, *excepta videlicet concubina*. »

2.

l'on vit plus souvent encore des femmes de la classe inférieure, des affranchies, des femmes perdues, élevées par un
légitime mariage à la dignité de matrone. Les mésalliances,
rares sous l'aristocratie républicaine, devinrent fréquentes
au temps où la faveur des Césars élevait au pinacle des
affranchis et des histrions. Ainsi deux courants opposés,
dans la société romaine, faisaient fléchir et céder la barrière que les lois d'Auguste avaient élevée entre les deux classes (1). La double limite qui séparait le concubinage du
mariage et du *stuprum*, devenait moins nette et moins précise. Au temps de Papinien et de Paul, pour reconnaître la
concubine, pour la distinguer de l'épouse légitime et de la
femme punissable, il ne suffisait plus de savoir quelle était
sa condition et sa naissance ; il fallait aussi parfois que le
juge tînt compte de cet ensemble de faits et de circonstances
qui constituent la possession d'état : « *Concubinam ex sola
animi destinatione æstimari oportet* (2). »

Jusqu'ici j'ai rapproché successivement le concubinage des
deux faits juridiques qui l'avoisinent et le limitent des deux
côtés, le mariage et le délit de mœurs. Dans ce double rap-
prochement, j'ai constaté une double différence entre la loi
romaine et la loi moderne. Des deux côtés, la limite où le

(1) Les différences de costume entre les matrones, les courtisanes et
les affranchies avaient également disparu, malgré les prohibitions du
sénat (cf. *supra*, p. 16, note 3) ; les mœurs et la mode l'avaient emporté
sur les lois. Marquardt, *Privatalterthümer*, t. II, p. 178.

(2) L. 4, D. *h. t.* ; — L. 31, *pr.*, D. *de donat.*, 39, 5 : « ..... An autem
maritalis honor et affectio pridem præcesserit, personis comparatis,
vitæ conjunctione considerata, perpendendum esse respondi. » — A une
époque plus récente, si l'on en croit Vopiscus (*Aurélien*, 49), Aurélien,
par un retour aux lois d'Auguste, aurait prohibé le concubinat avec les
femmes ingénues.

concubinage commence était moins nette, moins tranchée dans l'ancienne Rome qu'elle ne l'est aujourd'hui. Mais cette différence, qu'on le remarque bien, ce n'est pas sur le concubinage même qu'elle porte, c'est sur le mariage et le délit de mœurs. Ce sont ces deux faits qui, étant définis et réglés par la loi, ont été définis et réglés différemment par la loi antique et la loi moderne. Mais quant au concubinage, qui n'a rien de juridique et de légal, la loi antique et la loi moderne n'ont pu le régler de deux façons différentes, par cette raison bien simple qu'elles ne l'ont pas réglé du tout.

Nous rencontrons, il est vrai, divers textes au Digeste qui déterminent dans quels cas ou dans quelles conditions on peut prendre une femme pour concubine, et de ces textes les commentateurs modernes ont conclu qu'il en était du *concubinatus* comme du mariage, qu'il fallait remplir certaines conditions légales pour le contracter valablement. C'est là, à mon sens, une méprise. Dire, comme le font ces textes, que le concubinage est permis dans tels et tels cas, ce n'est pas dire que, dans ces cas, le concubinage est valable et produit des effets civils, c'est dire, que hors de ces cas, le concubinage est interdit et est frappé par la loi pénale. Quand la loi déclare que nul ne peut prendre pour concubine, ni sa sœur, ni la fille de sa sœur (1), ni la femme engagée dans les liens du mariage (2), ni la jeune fille qui n'est pas encore nubile (3) ; quand elle déclare qu'un fils ne doit pas avoir pour concubine celle qui a été la concubine de son père (4); tout cela signifie qu'un concubinage, dans ces circonstances, serait un délit puni par la loi : « *Nefaria est hujusmodi*

____

(1) L. 56, D. *de R. N.*, 23, 2.
(2) L. 13, § 2, D. *ad L. J. de adult.*, 48, 5.
(3) L. 1, § 4, D. *h. t.*
(4) L. 1, § 3, D. *h. t.;* — L. 4, C. *de nupt.*, 5, 4.

conjunctio, et ideo hujusmodi facinus prohibendum est. — Si contra hoc fecerint, stuprum committunt (1) ». En un mot, toutes les règles du Digeste qui permettent ou prohibent le concubinage sont des règles de droit pénal et non des règles

(1) L. 1, § 3, D. *h. t.* ;— L. 4, C. *de nupt.*, 5, 4.— La loi romaine punissait l'adultère, l'inceste et l'attentat sur la personne d'une fille impubère, que la femme fût ou non une matrone. L. 56, D. *de R. N.*, 23, 2 ; — L. 1, § 2, D. *de extr. crim.*, 47, 11 ;—L. 13, § 2, D. *ad L. J. de adult.*, 48, 5 ; —L. 38, § 3, D. *de pœnis*, 48, 19. Voyez aussi L. 3, § 1, D. *h. t. :* « Nec adulterium per concubinatum ab ipso committitur. » « Le concubinage ne constitue pas par lui-même un *stuprum*. » Le mot *adulterium*, ici comme dans le texte même de la loi Julia, est synonyme de *stuprum*. L. 6, § 1, D. *ad L. J. de adult.*, 48, 5 ; — L. 101, D. *de V. S.*, 50, 16.

De même, quand Ulpien et Paul disent qu'il est permis de prendre pour concubine une femme condamnée pour adültère, qu'il est permis au gouverneur d'une province de prendre sa concubine parmi les femmes de cette province, cela signifie que, tandis qu'un mariage contracté dans de telles conditions serait punissable, le concubinage ne l'est point : « Qui autem damnatam adulterii in concubinatu habuit, non puto lege Julia de adulteriis teneri, quamvis, si uxorem eam duxisset, teneretur. » L. 1, § 2, L. 5, D. *h. t.; —* cf. L. 2, § 1, D. *de his quæ ut ind.*, 34, 9.

D'ailleurs il n'était point interdit d'avoir en même temps plusieurs concubines (Pline, *Epist.*, III, 14) : Justinien lui-même ne l'interdit point, il se borne à refuser, en ce cas, tout droit aux enfants naturels. Novelle 18, c. 5; Novelle 89, c. 12, §§ 4 et 5. — Il n'était point interdit non plus, du moins sous les empereurs païens, d'avoir en même temps une femme légitime et une concubine : l'interdiction ne date probablement que de Constantin (L. *un.*, C. *de concub.*, 5, 26. — *Sic* Doneau, *ad L. 121, D. de V. O.* T. XI, col. 1495); auparavant, l'homme marié qui entretenait une concubine s'exposait seulement au divorce et aux peines que le divorce entraînait contre l'époux coupable : c'est en ce sens qu'il faut entendre Paul, *Sent.*, II, 20 (dont la leçon est d'ailleurs contestée. Cf. Thomasius, *de concubinatu*, § 13) et la loi 3, C. *comm. de man.*, 7, 15 (Justinien, an 531 : « ..... hominibus enim uxores habentibus concubinas vel libertas *vel ancillas* [il ne peut donc s'agir ici d'une union ayant quelque valeur légale] habere, *nec antiqua jura* nec nostra concedunt. »)

de droit civil. Quant à des conditions de capacité, la loi n'en exige aucune : souvent, dans cette union, la femme était une esclave, c'est-à-dire une personne dénuée de toute capacité juridique ; ce cas était même si fréquent que parfois les jurisconsultes emploient comme synonymes les mots de *concubinatus* et de *contubernium* (1). Cependant quelques interprètes modernes ont voulu suppléer au silence des textes (2) : partant de cette idée que le *concubinat* était réglé par la loi, ils ont curieusement recherché quelles pouvaient être ces règles qu'on n'aperçoit nulle part, et ils se sont demandé, par exemple, si le jeune homme qui voulait prendre une concubine avait besoin pour cela de la permission de son père, ou s'il ne lui suffirait pas d'obtenir celle de son aïeul. Une pareille question, adressée à un jurisconsulte, eût paru aussi étrange au temps des Romains qu'elle le paraîtrait aujourd'hui, et Celsus n'eût pas manqué d'y répondre, avec sa verdeur habibituelle : « *Tua quæstio perquam ridicula est !* »

Le concubinage n'était donc soumis à aucune condition légale, et cela par une raison bien simple, c'est qu'il ne pouvait produire aucun effet légal : aucun effet entre les deux

— Voyez le *syrisch-ræm. Rechtsbuch* publié par MM. Bruns et Sachau (Leipsick, 1880), L., 36 ; Ar., 18, 73 ; Arm., 12, 73 : « Quand un homme a deux femmes, l'une légitime et l'autre illégitime, et qu'il a des enfants de l'une et de l'autre...» — Voyez aussi les inscriptions citées *supra* (p. 2, note 1) (*sibi et uxori, concubinæ*), que cependant on pourrait à la rigueur expliquer en supposant que l'*uxor* et la *concubina* se sont succédées l'une à l'autre. — Cf. Esmein, *Le délit d'adultère à Rome*, p. 16, note 2.

(1) L. 11, § 1, D. *ad L. J. de adult.*, 48, 5 ; — Paul, *Sent.*, II, 19, § 6 ; — L. 6, C. Th., *de natur. fil.*, 4, 6. — Cf. L. 34, C. *de lib. causa*, 7, 16. — De même dans les auteurs classiques. Cicéron, *Verr.*, Act. II, L. v, c. 40 (éd. Orelli). Suétone, *Vespasien*, 3.

(2) Voyez notamment Pilette, *Lettre à M. de Rozière sur le concubinat chez les Romains* (dans la *Revue historique de droit français et étranger*, t. XI, p. 322 et suiv.)

personnes ainsi unies, aucun effet à l'égard des enfants issus de cette union. De tous les nombreux rapports que le mariage établit entre les époux, droits et devoirs, incapacités et priviléges, il n'en est pas un seul qu'on puisse appliquer aux personnes qui vivent en concubinage : ces personnes sont l'une à l'autre des étrangères, le lien qui les unit n'existe pas aux yeux de la loi (1). Quant aux enfants naturels, s'ils ont, comme je l'établirai bientôt, des droits importants à l'égard de leur mère, ces droits ne peuvent être un effet légal du concubinage, car ils appartiennent tout aussi bien à l'enfant issu d'une union criminelle, à l'enfant adultérin ou incestueux (2).

Il est un cas, il est vrai, où le concubinage semble produire un effet légal, cas unique, mais fréquent dans les mœurs romaines. Il arrivait très-souvent à Rome qu'un homme prenait pour concubine une de ses esclaves et la gardait comme concubine après l'avoir affranchie (3). Voici

---

(1) Entre *concubins,* pas d'action *rei uxoriæ,* pas d'action *rerum amotarum* (L. 17, *pr.,* D. *rer. amot.,* 25, 2), pas de *bonorum possessio unde vir et uxor,* pas d'accusation d'adultère (L. 6, *pr.,* L. 13, § 6, D. *ad L. J. de adult.,* 48, 5), pas de divorce (L. 17, *pr.,* D. *rer. amot.* 25, 2), pas de prohibition des donations entre époux (L. 3, § 1, D. *de don. i. v. et u.,* 24, 1; L. 31, *pr.,* D. *de donat.,* 39, 5), pas de *jus decimarum* (L. 29, *pr.,* D. *de L.,* 2°, 31) : la capacité de disposer à titre gratuit, restreinte, soit à l'égard de l'épouse légitime (Ulpien, 15, 16), soit à l'égard de la femme *stupro cognità* (L. 41, § 1, D. *de test. mil.,* 29, 1; L. 14, D. *de his quæ ut ind.,* 34, 9), n'était nullement restreinte à l'égard de la concubine, qui était considérée comme une étrangère. Ce point a été très-bien mis en lumière par Cujas, *ad Papin., L. 16, § 1, D. 34, 9* (T. IV, 2, col. 375, éd. Fabrot).

(2) C'est ce que je prouverai plus loin, p. 40 et suiv.

(3) Plaute, *Epidicus,* Act. III, Sc. 4, v. 33 : « Ego illam hodie volo facere libertam meam, mihi concubina quæ sit. » — C'était probablement le cas de concubinage le plus fréquent dans les mœurs romaines : c'est ce que

quelle, était alors la situation de cette femme : la loi ne lui accordait aucun des droits de l'épouse légitime, mais elle lui en imposait tous les devoirs ; elle devait à son patron la même fidélité que si son patron l'avait épousée : si elle le trompait, elle était punie comme adultère (1) ; si elle l'abandonnait pour épouser un autre homme, son mariage était frappé de nullité (2). Voilà des effets juridiques, et des effets juridiques

fait entendre la loi 3, *pr.,* D. *h. t.* : « In concubinatu potest esse *et* aliena liberta et ingenua... » « L'on peut prendre pour concubine *même* l'affranchie d'un autre ou une femme ingénue. » — Voyez aussi la loi 16, § 1, D. *de his quæ ut ind.*, 34, 9 (citée *supra*, p. 17, note 4), la loi 41, § 1, D. *de. R. N.*, 23, 2 (citée *infra*, note 1), et la loi 1, § 1, D. *h. t.* : « ... cum honestius sit patrono libertam concubinam quam matremfamilias habere. » Le mot *materfamilias* est pris ici dans le sens d'*uxor*. Leist, *das ræm. Patronatrecht* (contin. de Glück), § 1622, n. 147.

(1) Et par conséquent assimilée à la matrone quant à l'application de la loi *Julia de pudicitia.* L. 41, § 1, D. *de R. N.*, 23, 2 : « Et si qua se in concubinatu *alterius quam patroni* tradidisset, matrisfamilias honestatem non habuisse dico. » — L. 13, *pr.,* D., *ad L. J. de adult.* : « Si uxor non fuerit in adulterio, concubina tamen fuit, jure quidem mariti accusare eam non poterit quæ uxor non fuit, jure tamen extranei accusationem instituere non prohibebitur ; si modo ea sit quæ, in concubinatu se dando, matrónæ nomen non amisit, utputa quæ patroni concubina fuit. » — Mais si l'on assimilait à la matrone la *liberta* concubine de son patron (L. 46, § 1, D. *de V. S.*, 50, 16), c'était non pas pour lui accorder les mêmes priviléges (voyez cependant L. 46, D. *de op. libert.*, 38, 1), mais pour la soumettre aux mêmes pénalités.

(2) L. 1, *pr.,* D. *h. t.* : « ... Ego quidem probo in concubina adimendum ei connubium si patronum invitum deserat. » — *Patronum invitum :* quid, si le patron est incapable de volonté ? s'il est frappé d'aliénation mentale ? la question est prévue par la loi 2, D. *h. t. :* « Si patronus libertam concubinam habens furere cœperit, in concubinatu eam esse humanius dicitur. » — Au contraire le patron est censé rendre à sa concubine sa liberté s'il se marie ou s'il prend une autre concubine. L. 11, § 2, D. *de divort.*, 24, 2.

C'est cette privation du *jus connubii* pour la concubine du patron qui

importants. Mais ces effets, quelle en est la cause ? est-ce le fait du concubinage ? je ne le pense point. Ces effets juridiques ont pour cause un acte juridique, l'acte d'affranchissement. Ce qui le prouve, c'est que nous retrouvons ces effets ou des effets analogues dans tous les cas d'affranchissement, tandis que nous ne les rencontrons, à propos du concubinage, que dans le cas unique où la concubine est en même temps une affranchie. Tout affranchi était dans une étroite dépendance de celui dont il tenait sa liberté, et, pour ainsi dire, son existence civile : il lui devait l'obéissance, l'*obsequium*, et, s'il manquait à ce devoir, une accusation d'ingratitude pouvait le ramener en esclavage. Or, pour l'affranchie que le patron avait prise pour sa concubine, ce devoir d'obéissance se transformait tout naturellement en un devoir de fidélité.

Ainsi toutes les apparences juridiques que le concubinat romain présentait au premier abord se sont évanouies une à une. Soumis à une exacte analyse, le *concubinatus* s'est dépouillé de tout caractère légal et s'est réduit à un simple concubinage. Toutefois les mœurs, en cette matière, sont plus puissantes que les lois, et cette étude resterait incomplète, si, après avoir montré quelle était la condition de la concubine au point de vue légal, nous ne recherchions pas aussi quelle était en fait sa situation dans la société romaine.

Est-il vrai que les mœurs aient ici modifié la loi ? est-il vrai qu'elles aient donné à la concubine une place honorable dans la société, et entouré le concubinage de la considération due à une union régulière ? On l'a soutenu, et mes adver-

explique pourquoi, dans les sentences de Paul comme dans le Digeste, le titre *De concubinis* est placé parmi ou après les titres relatifs au mariage.

saires, trop menacés sur le terrain juridique, se retranchent sur ce terrain nouveau. Je dois les y suivre, et je vais essayer de prouver que, en fait aussi bien qu'en droit, la situation de la concubine dans l'ancienne Rome était à peu près la même qu'elle est encore de nos jours.

Il existe cependant, entre les mœurs romaines et les nôtres, une différence que je ne veux pas dissimuler, quand nous lisons, dans les inscriptions funéraires, le nom de la concubine gravé sur la tombe du défunt à côté de celui de la légitime épouse, quand nous voyons les premiers magistrats de l'empire romain faire leur entrée officielle dans la province qu'ils gouvernent, suivis de la concubine que l'empereur lui-même leur a donnée (1), nous sommes bien forcés de reconnaître que la société antique avait, sur les questions de bienséance et de moralité mondaine, des idées un peu différentes de celles qui ont cours dans les sociétés modernes. La différence est incontestable ; mais le point sur lequel porte cette différence n'a pas été, je crois, suffisamment précisé. Si la morale antique était plus indulgente pour les unions irrégulières que la morale moderne, cette indulgence ne concernait que l'homme ; quant à la femme, le concubinage était pour elle une flétrissure au temps des Romains comme aujourd'hui.

En ce qui concerne l'homme, les règles de la morale ont changé. Certains écarts de conduite qu'eût pu se permettre un contemporain d'Horace et de Catulle, sont interdits aujourd'hui à quiconque veut se conformer, je ne dis pas aux préceptes du christianisme, mais seulement aux convenances sociales. La société est devenue plus sévère, car les femmes, de nos jours, y tiennent la première place, et, en fait de convenances et d'usages, ce sont elles qui dirigent

____

(1) Voyez *supra*, p. 3, note.

l'opinion. La société, de nos jours, tolère le vice, mais elle ne tolère pas le scandale ; elle veut que le vice reste dans l'ombre, ou tout au moins dans le demi-jour, et l'homme qui mène une vie déréglée manquerait aux bienséances s'il ne prenait pas, dans le monde, les dehors d'un homme rangé. Ces règles d'honnêteté mondaine, les Romains ne les connaissaient pas ; comme on l'a justement observé (1), il n'y avait alors de salons, et les femmes n'exerçaient pas sur l'opinion la même influence que dans la société moderne. L'on comprendra dès lors que le Romain pût, sans scandale, avouer dans le monde des relations qui seraient inavouables aujourd'hui, et inscrire sur une tombe, à côté de son nom, non seulement celui de sa concubine, mais celui de son esclave favori (2).

Mais si la morale antique était indulgente pour l'homme, elle ne l'était point pour la femme, et les mœurs romaines ne différaient ici des nôtres que par un surcroît de sévérité. On l'a déjà remarqué, « les Romains ne savaient pas plaisanter sur la vertu des femmes (3). » Ce n'est pas dans les drames ou les romans de la littérature latine qu'on trouverait la satire du mariage et l'apologie de l'adultère. Jamais, même aux plus mauvais jours de sa décadence, Rome ne permit à ses poètes de réhabiliter l'épouse coupable ou de railler le mari trompé. La chasteté des matrones était, aux yeux des Romains, un des fondements de la grandeur nationale ; c'était une chose sacrée, *sanctimonia* (4). Mais plus ils honoraient

(1) Accarias, *Précis de droit romain*, t. I, p. 224 (3e éd.).

(2) Orelli, n° 2803 : « Eutycheti puero delicato b. m. L. Fufidius Sporus dominus fecit, brevis voluptas fuit. »

(3) Denis, *Des idées morales dans l'antiquité*, t. II, p. 123.

(4) Cicéron, *Cœlius*, 13 : «. . matronarum sanctitas. » — Virgile, *Enéide*, XI, v. 158 : «.....sanctissima conjux. » — Tacite, *Ann.*, III, 69 : «... priscæ sanctimoniæ virgo. »

la matrone, plus ils méprisaient la femme déchue. Quand Cujas nous dit que le *concubinatus* était une union honorable et légitime (1), il oublie que la concubine n'était le plus souvent (ce sont les textes du Digeste qui le déclarent) que des esclaves, des affranchies ou des prostituées (2), et que l'honnête femme qui se donnait comme concubine, perdait par là-même le titre et le rang de *materfamilias* (3). Il oublie que, si le *concubinatus* n'était pas un délit aux yeux du législateur, il était une honte et une souillure aux yeux des pères de l'église (4) comme des philosophes stoïciens (5).

(1) *Ad Codicem*, V, 26.

(2) L. 3, *pr.*, D. *h. t.* (citée *supra*, p. 17, note 2) : « On peut prendre pour concubine, non seulement son affranchie, mais même l'affranchie d'autrui, même une femme ingénue, surtout si elle est de condition vile ou de mauvaises mœurs. »

(3) L. 41, § 1, D. 23, 2 (citée *supra*, p. 17, note 3).

(4) *Constitut. apostol.*, L. VIII, c. 32 (ed. Coteler., t. I, p. 418) : « Πιστὸς, ἐὰν ἔχη παλλακὴν (i. e. concubinam. L. 144, D. *de V. S.*, 50, 16), εἰ μὲν δούλην, παυσάσθω, καὶ νόμῳ γαμείτω· εἰ δὲ ἐλευθέραν, ἐκγαμείτω αὐτὴν νόμῳ· εἰ δὲ μὴ, ἀποβαλλέσθω.»—Saint Augustin, *Serm.* 289, *Append.* (ed. Maur., t. V, P. 2, p. 482) : « ... Præcipue temporibus christianis concubinas habere nunquam licuit, nunquam licebit... Qui ante legitimas nuptias concubinam sibi adhibere præsumit, pejus peccatum facit quam qui adulterium commisit; quia qui adulterat adhuc tam grave malum secrete vult agere;..... ille vero qui publice concubinam habere voluerit, fronte impudentissima rem exsecrabilem, toto populo vidente, licenter se putat admittere..... Si in tam gravi periculo sunt qui uxores non habent et aut concubinas sibi adhibent aut adulteria admittunt, quid de se infelices illi cogitent qui forte conjuges habentes adulterant?...» — Saint Ambroise, *Serm. de sancto Johanne,* (t. V, p. 139. éd. de Paris, 1642) : « Præsta concubinæ tuæ libertatem et nomen uxoris, ne tu adulter sis potius quam maritus. » — Il me serait facile de multiplier ces témoignages.

(5) Voyez sur ce point Musonius, philosophe stoïcien qui enseignait à Rome dans la seconde moitié du premier siècle (dans Stobée, *Floril.,*

En résumé, le concubinat n'est autre chose que le concubinage, un fait qui n'a rien de légal, quoiqu'il soit toléré par la loi, ni rien de moral quoiqu'il soit toléré par les mœurs. Telle est la conclusion purement négative qui résume notre étude. Mais cette étude serait incomplète, si, après avoir montré ce qu'étaient, à Rome, les unions irrégulières, nous ne recherchions pas quel était le sort des enfants issus de ces unions.

II

Le législateur moderne a réglé le sort de l'enfant naturel avec un soin minutieux. Il ne s'en est pas rapporté à ses parents, que leur faute lui rendait suspects; il a redouté, de la part de ceux-ci, soit un excès de dureté, soit un excès de tendresse. Il ne leur a pas permis de repousser leur enfant comme un étranger; il ne leur a pas permis non plus

VI, 61) : « Χρὴ δὲ τοὺς μὴ τρυφῶντας, ἢ μὴ κακοὺς, μόνα μεν ἀφροδίσια νομίζειν δίκαια τὰ ἐν γάμῳ, καὶ ἐπὶ γενέσει παίδων συντελούμενα, ὅτι καὶ νόμιμά ἐστιν..... Ὅσαι δὲ μοιχείας ἐκτὸς συνουσίαι πρὸς θηλείας εἰσὶν, ἐστερημέναι τοῦ γίνεσθαι κατὰ νόμον, καὶ αὗται πᾶσαι αἰσχραὶ, αἵγε πράττονται δι' ἀκολασίαν, ὡς μετά γε σωφροσύνης οὐκ ἂν ἑταίρᾳ πλησιάζειν ὑπομείνειέ τις, οὔτ' ἂν ἐλευθέρᾳ γάμου χωρὶς, οὔτε μὰ Δία θεραπαίνῃ τῇ αὑτοῦ. » J'emprunte la traduction de M. Denis (*op. cit.*, p. 134) : « Quiconque désire ne pas être un voluptueux et un efféminé, ni un homme pervers, ne doit regarder comme des amours permis que ceux du mariage, qui ont en vue la génération, parce que ce sont les seuls qui soient autorisés par les lois..... Les plaisirs avec des femmes, lorsqu'ils sont purs d'adultère, ne sont pas, il est vrai, défendus par les lois écrites; mais ils n'en sont pas moins honteux, parce qu'ils sont le fruit de l'intempérance, et tout homme s'en abstiendra, pour peu qu'il sache encore rougir. Il n'aura donc de rapports ni avec les courtisanes, ni avec les femmes libres des liens du mariage, ni, par Jupiter! avec sa propre servante. »

de le faire entrer dans la famille comme un enfant légitime.
Le maximum comme le minimum de ses droits est fixé et,
pour ainsi dire, tarifé, dans chaque cas, par la loi publique :
il ne peut recevoir ni plus ni moins.

La loi romaine, je l'ai déjà dit, a procédé tout autrement.
Loin de faire pour les enfants naturels un règlement spécial,
elle ne s'est nullement occupée d'eux et les a abandonnés
tout simplement à l'application du droit commun et des principes généraux. Or cette application se résume pour eux dans
les deux règles que voici : à l'égard de son père, l'enfant
naturel n'a aucun droit et ne diffère en rien d'un étranger;
à l'égard de sa mère, l'enfant naturel a tous les droits et ne
diffère en rien de l'enfant légitime. Ces deux règles, il faut
bien le dire, paraissent aussi difficiles à justifier l'une que
l'autre : en déniant tout effet à la paternité naturelle, la loi
romaine semble blesser l'humanité; en assimilant la maternité naturelle à la maternité légitime, elle semble outra-
ger la morale; enfin, en inscrivant à côté l'une de l'autre ces
deux règles contradictoires, elle semble choquer la raison.
Et cependant ces deux règles ont persisté durant les plus
beaux siècles de la jurisprudence romaine et jusqu'aux
derniers empereurs payens. C'est que ces règles n'étaient
pas l'œuvre arbitraire du législateur; elles n'étaient l'une
et l'autre que la conséquence logique et nécessaire des
principes constitutifs de la famille, telle que l'antiquité l'avait
conçue.

Plaçons d'abord le fils naturel vis à vis de son père, et sup-
posons, pour mieux préciser les idées, que la paternité ne
soit pas douteuse. En fait, c'est ce qui arrivait souvent : bien
que la reconnaissance des enfants naturels fut une institution
inconnue aux Romains, la paternité naturelle était souvent
tout aussi certaine chez eux qu'elle peut l'être chez

nous. Je ne parle pas seulement de cette certitude de fait qui résulte de la possession d'état : la paternité naturelle pouvait aussi faire l'objet d'une constatation judiciaire et légale. Il est divers cas, en effet, où la loi romaine n'avait permis d'affranchir un esclave que pour des causes déterminées, qui devaient être déduites et prouvées devant un tribunal. Or, parmi les causes que la jurisprudence de ce tribunal avait admises, voici celle que les jurisconsultes citent toujours en première ligne : un maître peut affranchir son esclave, s'il prouve que cet esclave est son fils naturel ou son frère naturel (1). Voilà donc un cas, et un cas qui n'était pas rare dans les mœurs romaines (2), où la paternité naturelle était prouvée en justice et constatée par un acte public et solennel.

Et maintenant, la paternité naturelle une fois constatée, quelles vont en être les conséquences juridiques? — La paternité naturelle n'est qu'un fait (3); devant la loi, elle n'est rien. Entre ce père et ce fils, il n'existe aucun rapport légal :

(1) Gaïus, 1, 19 ; — L. 11, D. *de man. vind.*, 40, 2 ; — L. 21, *pr.*, D. *de captiv.* 49, 15 («..... sub titulo naturalis filii manumittere »); — § 5, Inst., 1, 6.

(2) Saint Jérôme, *epist. 69 ad Oceanum* (ed. Maur., t. I, p. 418,) : « Multos videmus..... ancillas suas habere pro uxoribus, susceptosque ex his liberos colere ut proprios. »

(3) Si parfois la jurisprudence tient compte de ce fait, c'est qu'il s'agit de questions qui doivent se résoudre par des raisons de fait (par des considérations d'humanité, de convenance), non par des raisons de droit. C'est ainsi que, dans le cas où une famille d'esclaves faisait l'objet d'un partage, d'un legs, etc., les tribunaux devaient veiller à ce que les enfants, s'il était possible, ne fussent pas séparés de leur père et de leur mère. L. 35, L. 39, D. *de œdil. ed.*, 21, 1 ; — L. 71, § 3, D. *de L.*, 1°, 30 ; — L. 41, § 2, D. *de L.*, 3°, 32 ; — L. 11, C. *comm. utr. jud.*, 3, 38.—Voyez aussi LL. 1-3, D. *de liber. causa*, 40, 12 (un père peut *vindicare in libertatem* son fils naturel en esclavage, et *vice versa*), L. 18, *pr.*, D. *ut leg. c. cav.*, 36, 3. — C'est ainsi encore que, dans les mœurs romaines, le lien de

ni rapport d'incapacité, le père peut touι donner à son fils; ni rapport d'obligation, il peut ιouι lui refuser, de même qu'il ne peut rien exiger de lui (1).

Le père peut tout donner à son fils naturel. Ce fils n'est pour lui qu'un étranger; il peut donc lui donner tout ce qu'il pourrait donner à un étranger. Il peut lui faire des donations ou des legs, il peut l'instituer héritier (2), il peut l'adopter (3). A-t-il des enfants légitimes? il peut le faire entrer dans sa famille et le placer, à côté de ces enfants, sur un pied d'égalité. Il peut faire plus encore : maître absolu dans sa maison, il peut dépouiller ses enfants légitimes pour combler de ses faveurs son enfant naturel; il peut nommer cet enfant son héritier universel, et lui laisser, avec ce titre d'honneur, les trois quarts et parfois la totalité de son héritage, l'entretien de son culte, le gouvernement de sa maison, la tutelle de sa veuve et de ses autres enfants (4).

parenté naturelle formait un obstacle au mariage. L. 14, §§ 2, 3, D. *de R. N.*, 23, 2 : « In contrahendis matrimoniis, naturale jus et pudor inspiciendus est... In re dubia, certius et modestius est hujusmodi nuptiis abstinere. » Aussi le mariage est-il interdit lors même que la paternité est douteuse : « ..... etsi dubitetur patrem eum esse. » Voyez aussi LL. 8, 54, 56, *eod. tit.*

(1) Une autre conséquence du même principe, c'est que le père d'un enfant naturel ne pouvait prétendre à aucun des priviléges légaux attachés à la paternité, ni au *jus capiendi hereditatem legatumve* (Machelard, *Diss. sur l'accroissement,* p. 112), ni à l'exemption de la tutelle : les *injusti liberi* du § 194, Fr. Vatic., sont, non pas les enfants nés hors mariage, mais les enfants nés d'un mariage contraire à la loi Julia, quoique conforme au droit civil. Fr. Vatic., 168. Machelard, *op. cit.,* p. 113. Bonnier, sur Ortolan, *Expl. des Instituts,* t. II, app. 11.

(2) Voyez *infra,* note 4.

(3) L. 11, D. *de his qui sui,* 1, 6; — L. 46, D. *de adopt.,* 1, 7; — L. 6, C. *de natur. lib.,* 5, 27.

(4) L. 45, *pr.,* D. *de vulg. et pup.,* 28, 6. Dans l'espèce de cette loi, le

Mais, s'il peut lui tout donner, il peut aussi ne lui donner rien. Il peut le laisser dans l'indigence et la misère; car cet enfant, aux yeux de la loi, n'est point son fils, mais un étranger.

Avant d'apporter les preuves de cette règle, j'en voudrais montrer le fondement. Il est, je l'ai déjà dit, dans la constitution de la famille romaine. Ce mot de famille présentait, dans l'antiquité païenne, un sens bien différent de celui qu'il présente de nos jours. De nos jours, ce mot désigne un groupe de personnes qui, unies par le lien du sang et de l'affection naturelle, sont également unies par un lien de droit; le droit se règle sur la nature, et là où existe le lien naturel, il est impossible qu'un lien légal, plus ou moins fort, n'existe pas aussi. Il en était tout autrement dans l'ancienne Rome : ici, ce qui fait l'unité de la famille, ce n'est pas le sang, mais la dépendance d'un même maître; la *familia*, c'est tout ce qui appartient à ce maître, les enfants comme les esclaves, les personnes comme les biens. Ce maître, c'est le père, le *pater familias :* « *Pater autem familias appellatur qui in domo dominium habet* (1) ». Le père n'est pas celui qui engendre, c'est celui qui commande : celui que les poètes ont appelé le père des dieux, ce n'est pas Saturne, c'est Jupiter. Maître de sa famille, le père la compose comme il lui plaît : ses fils dans le sens légal du mot, ceux qu'il associe à son culte et à sa puissance, ceux qui continueront après lui son culte, sa personne et son nom, ce ne sont point ceux qu'il a engendrés, ce sont ceux qu'il a choisis (2). Il prendra pour fils des étrangers,

testateur a institué, en les substituant l'un à l'autre, son fils légitime et son fils naturel. La loi ne dit pas si c'est pour égales parts.

(1) L. 195, § 2, D. *de V. S.*, 50, 16. — Voyez Fustel de Coulanges, *la Cité antique*, p. 97 (7° éd.).

(2) § 7, Inst. 1, 11 : « ..... ne ei invito suus heres adgnascatur. » — L. 12, § 3, D. *de captiv.*, 49, 15.

si bon lui semble, et ceux à qui il a donné le jour ne seront ses fils que s'il le veut bien. L'on rapporte qu'à l'origine, lorsqu'un enfant venait de naître, on le présentait à son père, qui pouvait, d'un signe de sa main, soit le reconnaître pour son fils (1), soit le rejeter et ordonner sa mort. La jurisprudence a fini par abolir cette coutume barbare, mais elle n'a point aboli le principe légal dont cette coutume était l'expression. Au temps d'Ulpien comme au temps des Douze Tables, la paternité est un droit, on ne l'acquiert que lorsqu'on veut l'acquérir (2). Si elle est la suite du mariage, c'est qu'elle en était le but : c'est pour devenir père que le Romain se marie ; il se marie, suivant une antique formule, *liberorum quærendorum causa* (3). Toute union qui n'est pas contractée dans ce but n'est point un mariage, mais un concubinage (4); qu'elle soit stérile ou féconde, il n'importe : l'homme qui n'a pas voulu devenir père, ne le sera point aux yeux de la loi.

Ces observations pourront servir, peut-être, à jeter un jour nouveau sur une règle bien connue, mais qui n'est pas toujours bien comprise : *Pater is est quem nuptiæ demonstrant*. En empruntant cet adage à la loi romaine, les jurisconsultes modernes en ont, sans s'en douter peut-être, pro-

---

(1) *Filium tollere, suscipere.* Voyez Forcellini, vº *tollo*. Marquardt, *Privatleben der Rœmer*, t. I, p. 3.

(2) Les jurisconsultes romains sont allés jusqu'à se demander si, lorsque le père était fou au moment de la conception, l'enfant pouvait être regardé comme son fils; ils se décident pour l'affirmative, mais par la raison suivante : « Partus in potestate patris nascetur, quasi voluntatis relinquiis in furiosis manentibus. » L. 8, D. *de his qui sui*, 1, 6.

(3) Aulu-Gelle, IV, 3 : «..... quod (Carvilius) jurare a censoribus coactus erat uxorem se liberorum quærendorum gratia habiturum. » — Ulpien, III, 3. Saint Augustin, *Serm.*, 51, 13. — Voyez aussi Rossbach, *rœmische Ehe*, p. 4.

(4) Voyez *supra*, p. 7 et suiv.

3.

fondément altéré le sens. Le sens actuel de cette règle, c'est que tout enfant conçu dans le mariage est censé le fils du mari, et que cette vérité légale ne peut être révoquée en doute que dans des cas rares et étroitement limités par la loi. Or tel ne pouvait pas être le sens de ce vieil adage dans la législation romaine. A Rome, la paternité du mari n'était point érigée en présomption légale: c'était une simple présomption de fait, qu'il était permis de combattre dans tous les cas et par toutes les preuves possibles (1). Quand les jurisconsultes romains formulaient cette règle fameuse : *Pater is est quem nuptiæ demonstrant,* ils ne voulaient pas imposer forcément au mari le titre de père, ils voulaient dénier ce titre à tout autre qu'au mari (2). La paternité du mari, la paternité légitime, est la seule que connaisse la loi romaine; tout enfant né hors mariage est, au point de vue légal, un enfant sans père.

La rudesse toute romaine de ce principe a choqué les jurisconsultes modernes; ils ont essayé de la mitiger par diverses distinctions qui, si je ne me trompe, présentent toutes ce défaut commun, d'être plus modernes que romaines.

On propose d'abord de distinguer deux classes d'enfants

(1) Cette présomption pouvait être combattue :

1° Par le mari, qui pouvait toujours désavouer l'enfant de sa femme. L. 6, D. *de his qui sui,* 1, 6 («..... si constet maritum aliquamdiu cum uxore non concubuisse infirmitate interveniente *vel alia causa,* vel si ea valetudine pater familias fuit ut generare non possit..... ») ; — L. 1, §§ 11-15, D. *de agn. lib.,* 25, 3 («... licebit ei partum editum ex se negare ») ; — L. 1, § 9, D. *de ed. Carbon.,* 37, 10.

2° Par la mère et l'enfant lui-même. L. 29, § 1, D. *de probat.,* 22, 3.

(2) Ce sens ressort de l'ensemble de la phrase où cette règle est contenue : « (Mater) semper certa est etiamsi vulgo conceperit, pater vero is est quem nuptiæ demonstrant ». L. 5, D. *de in jus voc.,* 2, 4. — Voyez aussi L. 19, D. *de st. hom.,* 1, 5; — L. 7 *in fine,* C. *de natur. lib.* 5, 27 : «... jus nomenque patris quod eis denegatum est... »

naturels, ceux qui doivent le jour au crime ou au libertinage, ceux qui naissent du concubinat. Les premiers, dit-
on, sont ceux que la loi romaine qualifie de *spurii, sine
patre* (1), ou de *vulgo concepti*, et qu'elle définit en ces ter-
mes : « *Vulgo concepti dicuntur, qui patrem demonstrare
non possunt, vel qui possunt quidem, sed eum habent quem
habere non licet* (2). » Ces enfants n'ont pas de père,
nous dit Gaïus (3), car leur père est inconnu, et fût-il
connu, la loi ne le veut pas connaître. — Les enfants naturels de la seconde classe sont ceux que les jurisconsultes
désignent sous le nom de *liberi naturales* : ceux-ci ont un
père connu, un père certain, car le concubinat peut être, en
fait, une union aussi fidèle, aussi constante que l'union conjugale, et puisque la loi, ajoute-t-on, autorise et reconnaît
le concubinat, elle doit reconnaître également la paternité
qui en est la suite. — Cette distinction, j'en conviens, n'est
pas tout à fait étrangère à la loi romaine, et nous la ren-
contrerons plus tard sous les empereurs chrétiens (4). Mais
c'est commettre un anachronisme que de la transporter au
temps de Papinien et de Gaïus. Dans la langue des jurisconsultes classiques, l'expression *liberi naturales* s'applique
presque toujours à des enfants qui sont issus, non pas d'un
concubinat, mais d'un *contubernium*, et qui par conséquent,
de l'aveu de tous, n'ont pas de père aux yeux de la loi (5).

(1) Gaïus, I, 64.
(2) L. 23, D. *de st. hom.*, 1, 5.
(3) Gaïus, I, 64.
(4) L. 7, C. Th. *de natur. fil.*, 4, 6 : « Naturalium nomen sancimus im-
poni iis quos, sine honesta matrimonii celebratione procreatos, legitima
conjunctio fuderit in lucem ; servos autem ex ancillæ utero ipso jure ge-
neratos ; et quamvis per vim naturæ ne illis quidem possit naturalium
nomen auferri... » Voyez *infra*, p. 49.
(5) « ..... Naturales liberos, id est in servitute quæsitos. » L. 88, § 12,

D'ailleurs les enfants naturels nés du concubinat ne sont pas les seuls qui puissent connaître ou rechercher leur père. On méconnaît l'esprit de la loi romaine quand on lui prête les scrupules de la nôtre. Les Romains n'ont jamais songé à couvrir d'un voile épais la paternité naturelle et à en prohiber la recherche. Si cette recherche est interdite de nos jours, c'est que de nos jours le fait de la paternité, par cela seul qu'il existe et qu'il est connu, implique des droits et des devoirs. Le fait et le droit sont ici inséparables l'un de l'autre ; là où la loi moderne a voulu dénier le droit, elle a, pour ainsi dire, supprimé le fait et l'a fait disparaître en le cachant. Mais sous la loi romaine, où le fait de la paternité était sans conséquence juridique, pourquoi en aurait-on prohibé la preuve ? Aurait-on redouté le scandale ? Cette crainte était étrangère assurément à une jurisprudence qui ouvrait une accusation publique contre la femme adultère, et qui proclamait cette fière maxime : « *Peccata nocentium nota esse et oportere et expedire* (1). » Fût-elle adultérine ou incestueuse, la paternité pouvait toujours être prouvée. Mais, qu'elle fût criminelle ou innocente, certaine ou douteuse, le principe était toujours le même : la paternité naturelle était un fait et non un droit (2).

D. *de L.*, 2°, 31. Voyez aussi Gaïus, 1, 19 ; — Paul, V, 6, § 16 ; — L. 33, *pr.*, D. *ad L. Aquil.*, 9, 2 ; — L. 54, *pr.*, D. *mand.*, 17, 1 ; — L. 5, *pr.*, *de præscr. v.*, 19, 5 ; — L. 8, D. *de pignor.*, 20, 1 ; — L. 41, § 2, D. *de L.*, 3°, 32 ; — L. 11, D. *de man. vind.*, 40, 2 ; — L. 3, *pr.*, D. *de liber. c.*, 40, 12 ; — L. 38, *pr.*, D. *de rebus auct. jud.*, 42, 5 ; — L. 17, § 1, D. *q. in fraud. cred.*, 42, 8 ; — L. 21, *pr.*, D. *de captiv.*, 49, 15. — A l'inverse, la qualification de *spurius* s'applique parfois à des enfants dont la filiation n'est ni incertaine ni honteuse. L. 25, D. *de captiv.*, 49, 15 ; — L. 3, C. *sol. matr.*, 5, 18. — L'on trouve également dans les inscriptions les mots *filius naturalis* et *spurius* employés comme synonymes. Orelli, n. 2686.

(1) L. 18, *pr.*, D. *de injur.*, 47, 10.

(2) L. 23, D. *de st. hom.*, 1, 5 ; — L. 1, §§ 4 et 9, D. *de ed. Carbon.*, 37,

Mais on élève d'autres objections et l'on propose une distinction nouvelle. En instituant la famille civile et en lui donnant pour base la *patria potestas*, la loi romaine, dit-on, n'a pas voulu méconnaître la famille naturelle. Elle a fait à chacune sa place et sa part, et, sous les deux qualifications bien distinctes d'agnation et de cognation, elle les a constamment opposées l'une à l'autre. Si le fils naturel n'est pas l'agnat de son père, il est du moins son cognat ; car ce n'est pas la loi qui fait les cognats, c'est la nature : la cognation est, comme Gaïus l'a si bien dit, un de ces « *naturalia jura quæ civilis ratio corrumpere non potest* (1) ». Comme cognat, le fils naturel pourra exiger de son père des aliments, il pourra lui succéder, il pourra même parfois réclamer une réserve sur ses biens héréditaires.

Ce raisonnement est spécieux et nous serions porté à le suivre, si nous ne rencontrions un obstacle dans des textes décisifs. Loin d'accorder au fils naturel les droits d'un cognat, les jurisconsultes romains lui refusent jusqu'au droit le plus indéniable, le droit à des aliments. « Un père, nous dit Ulpien, est tenu de nourrir sa fille, *si c'est une fille légitime* », « *si constiterit apud judicem juste eam procreatam* (2) ». Si des enfants, ajoutent Julien et Modestin, réclament des aliments à leur père, et qu'on conteste à la mère la qualité d'épouse légitime, la décision sur la première question ne préjugera pas nécessairement la seconde (3). Ces textes de l'ancienne jurispru-

---

10. Stintzing, dans les *Jahrbücher* d'Ihering, t. IX, p. 421. — *Nec obstat* L. 83, D. *de cond. et dem.*, 35, 1. Cf. L. 4, *pr.*, D. *de H. J.*, 28, 5.

Notez que le *fait* de la paternité pouvait être utile à constater en justice : 1° pour interpréter les dispositions d'un testament ou d'un contrat. Voyez *infra*, p. 46, note 6; 2° dans les divers cas indiqués *supra*, p. 30 et 31.

(1) Gaïus, I, 158.

(2) L. 5, § 6, D. *de agn. lib.*, 25, 3.

(3) L. 3, § 4, L. 7, D. *de agn. lib.*, 25, 3. — Voyez aussi L. 5, § 4,

dence classique trouvent leur confirmation dans les textes plus récents : les empereurs chrétiens et Justinien lui-même, qui ont introduit tant de réformes en faveur de l'enfant naturel, ne sont jamais allés jusqu'à reconnaître un rapport de cognation entre l'enfant naturel et son père ou la famille de son père, preuve évidente que ce rapport n'existait pas non plus dans le droit antérieur (1). Nous pouvons conclure de tous ces textes que, d'après la loi romaine, le fils naturel n'est ni

eod. tit. : « Ergo et matrem cogemus *præsertim vulgo quæsitos liberos* alere. »

En général, le droit aux *obsequia* de l'enfant naturel n'est donné qu'à la mère, et non au père. L. 1, § 1, D. *de obseq.*, 37, 15 : « Et inter collibertos, *matrem* et filium, pietatis ratio secundum naturam salva esse debet. » — Voyez aussi (L. 4. § 3, L. 5, D. *de in jus voc.*, 2, 4 citée *supra* p. 34, note 2.)

Le père naturel n'a pas non plus le droit de nommer un tuteur à son fils : à cet égard, la loi semble le mettre sur le même pied qu'un étranger. L. 7, *pr.*, D. *de conf. tut.*, 26, 3 ; — L. *ult.*, C. *de conf. tut.*, 5, 29 ; — L. *ult.*, C. *quando mulier*, 5, 35. — Cf. L. 4, D. *de conf. tut.*, 26, 3 ; — L. 32, D. *de excus.*, 27, 1. *Sic* Rudorff, *Vormundschaft*, t. I, p. 317 et 326 ; Vangerow, *Pandekten*, § 265 ; Bonnier, sur Ortolan, *Expl. des Instituts*, app. II, *in fine.*

(1) Le rapport entre l'enfant naturel et son père, tel que Justinien l'a établi (voyez *infra*, p. 48, 49), n'est pas un rapport de cognation, car il est purement *individuel*, et il n'existe qu'entre le père et le fils. L. 12, C. *de natur. lib.*, 5, 27 : entre l'aïeul et le petit-fils (soit *filius naturalis ex filio naturali*, soit *filius naturalis ex filio legitimo*, soit *filius legitimus ex filio naturali*), il n'y a aucune cognation, aucun droit de succession : « ..... Jura etenim ab intestato in avi successionem nemini eorum penitus aperimus. » Voyez aussi la loi 9, C. *de natur. lib.*, 5, 27, et la novelle 89, c. 4 : « ..... Sancimus enim oblatum curiæ naturalem filium solummodo patri legitimum fieri sucessorem, nullum tamen habere participium ad ascendentes, aut descendentes, aut ex latere agnatos *vel cognatos* patris, aut illos aliquod habere participium ad illorum successionem... » Remarquez que ces lois ont précisément en vue des enfants nés *ex concubinatu*, qu'elles sont toutes en leur faveur, et que par conséquent les droits

l'agnat de son père, ni son cognat. C'est que les Romains se faisaient de la cognation une idée plus étroite et plus grossière qu'on ne pense. De même qu'il n'y avait à leurs yeux de parenté civile que par les hommes, il ne pouvait y avoir de parenté naturelle que par les femmes (1). Ce qui constituait à leur yeux le rapport naturel de parenté, c'était un fait purement physique : non pas le fait de la génération, que la nature cache et que le juge ne peut constater, mais le fait de la naissance. La même loi naturelle qui attribue les fruits de la terre au propriétaire du sol et non à celui de la semence, l'agneau au propriétaire de la brebis, et le jeune esclave au maître de sa mère, cette même loi va régler aussi le sort de l'enfant naturel : cet enfant n'a pas de père, il n'a qu'une mère.

Ici s'ouvre un nouvel aspect de notre sujet : nous venons de considérer l'enfant naturel dans ses rapports avec son père ; nous allons le placer maintenant en face de sa mère et de ses parents maternels.

Nous allons voir ici la loi romaine passer brusquement d'un extrême à l'autre. Cette loi nous étonnait tout à l'heure par l'excès de sa sévérité, elle va nous étonner maintenant par l'excès de son indulgence. L'on a vu de nos jours d'audacieux novateurs réclamer pour l'enfant naturel tous les droits de l'enfant légitime. Ce rêve de quelques utopistes,

---

qu'elles leur dénient n'ont pu leur appartenir sous l'ancienne jurisprudence.

(1) « ..... Cum agnatio a patre, cognatio sit a matre. » § 4, Inst., 3, 5. — LL. 2, 4, 8, D. *u. cogn.*, 38, 8.

Dans un sens plus général, le mot *cognatio* est synonyme de parenté ; comme il y a deux parentés, il y a deux cognations : la cognation civile qui n'est autre chose que l'agnation, la cognation naturelle ou cognation proprement dite, qui n'est que la parenté par les femmes. L. 4, § 2, L. 10, § 2, D. *de grad. cogn.*, 38, 10.

nous allons le trouver réalisé à demi par la loi qu'on a coutume d'appeler la raison écrite. A l'égard de la mère et de tous les parents maternels, la loi place l'enfant légitime et le bâtard sur un pied de parfaite égalité. Ils succèderont ensemble, au même titre, pour la même part; ils auront l'un et l'autre la même légitime et les mêmes actions pour la réclamer (1). Et ces avantages exorbitants, la loi ne les accorde pas seulement aux enfants nés d'un *concubinat*, mais à tous les enfants naturels sans distinction, quelque honteuse que soit leur naissance. Mais voici qui est peut-être plus étrange encore : ces lois d'Auguste dont j'ai parlé plus haut, les lois caducaires, accordaient de nombreux priviléges à la femme qui devenait mère d'un certain nombre d'enfants; mais ici encore la jurisprudence ne distinguait point entre les enfants naturels et les enfants légitimes (2), en sorte que les primes légales offertes à la fécondité étaient gagnées par le libertinage.

Ces décisions diverses ne sont pas des décisions isolées et arbitraires, ce sont les applications logiques d'un grand principe qui s'imposait à la jurisprudence. Pour découvrir et dégager ce principe, j'ai besoin de revenir un instant sur l'organisation générale de la famille romaine.

L'un des traits les plus caractéristiques de cette organisation, c'est que personne ne pouvait appartenir en même temps à deux familles différentes. Il en est autrement de nos jours. Chacun de nous tient à plusieurs familles, à la famille de sa mère comme à la famille de son père, aux familles de ses parents maternels comme à celles de ses parents paternels. Les mariages enchaînent les familles les unes

(1) Paül, IV, 10, § 1 ; — LL. 2, 4, 8, D. *u. cogn.*, 38, 8 ; — L. 1, § 2, D. *ad Sc. Tertull.*, 38, 17 ; — L. 29, § 1, D. *de inoff. test.*, 5, 2. — Voyez aussi L. 18, D. *de bon. libert.*, 38, 2.

(2) Paul, IV, 9, § 1 : « ... ter et quater peperisse sufficiet. »

aux autres par le lien des intérêts comme par celui des affections : les biens que la femme a reçus comme fille dans la famille où elle est née, elle les transporte comme épouse ou comme mère dans la famille nouvelle où le mariage la fait entrer ; elle hérite dans la première et laisse son héritage dans la seconde ; ainsi les biens circulent et passent d'une famille à l'autre, et toutes ces familles unies entre elles par la loi comme par la nature, par les intérêts comme par le sang, s'entremêlent et se confondent, Mais cette transmission des biens patrimoniaux d'une famille à l'autre ne pouvait convenir à une société aristocratique comme la société romaine. Là, chaque famille était pour ainsi dire fermée ; elle se suffisait à elle-même ; elle avait chez elle son gouvernement, son culte et ses dieux, et il était aussi impossible d'appartenir en même temps à deux de ces familles que d'être en même temps citoyen de deux cités différentes. Quelle sera donc, sous ce régime, la famille de la femme qui se marie ? va-t-elle rester dans la famille de son père ou entrer dans celle de son mari ? A cette question, la loi romaine a fait successivement deux réponses différentes.

A l'origine, la femme, en se mariant, changeait de famille (1) ; elle subissait, suivant l'énergique expression de la loi romaine, une mort civile, une *capitis deminutio*. Changer de famille c'était, en quelque sorte, mourir pour renaître. La famille du mari s'ouvrait à la nouvelle épouse, elle se refermait sur elle. Désormais, tous ses rapports avec son père et sa mère étaient rompus, elle ne leur succédait plus, elle était morte pour eux.

Mais à l'époque qui doit surtout attirer notre attention, au temps des jurisconsultes classiques, cette antique forme de

(1) C'est le mariage avec *conventio in manum*. Voyez Gaïus, 1, 108-115, 162.

mariage est tombée en désuétude. Dépouillé de toute forme juridique (1), le mariage ne produit plus d'effet juridique immédiat. Le père prête sa fille à son gendre plutôt qu'il ne la lui donne. La *deductio in domum mariti* n'est qu'un fait, sans caractère légal : en fait l'épouse est sortie de la maison paternelle, en droit elle y est restée. Et, comme elle ne peut appartenir à deux familles à la fois, il en résulte que la famille de son mari va demeurer pour elle une famille étrangère, et que ses propres enfants seront pour elle des étrangers. Entre elle et son fils, pas de rapport légal, car ils appartiennent, elle et lui, à deux familles qui ne portent pas le même nom et n'adorent pas les mêmes dieux. Elle ne pourra, ni succéder à son fils, ni lui laisser son héritage. Elle est, suivant le mot si expressif d'Ulpien, *finis familiæ suæ* (2). Les biens patrimoniaux vont jusqu'à elle, ils ne vont pas au delà : à sa mort, ils remontent vers la source d'où ils étaient descendus.

Si la mère et son fils appartiennent à deux familles différentes, si aucun lien légal ne les unit, que reste-t-il entre eux? le lien du sang, le rapport matériel qui résulte du fait de l'accouchement et de la naissance. Or ce fait et ce rapport sont exactement les mêmes, que la naissance soit légitime ou illégitime, que l'enfant soit le fruit du mariage, du concubinage ou de l'adultère. Tous les enfants, même légitimes, ne sont, dans leurs rapports avec leur mère, que des enfants naturels.

Cette assimilation de la maternité légitime à la maternité naturelle a conduit le législateur, suivant les temps,

---

(1) Voyez *supra*, p. 7 et suiv.

(2) L. 195, § 5, D. *de V. S.*, 50, 16. Voyez aussi L. 23, D. *de adopt.*, 1, 7 : « Si filium adoptaverim,... nec mater mea aviæ loco illi est, quoniam his qui extra familiam meam sunt non adgnascitur. »

à des conséquences fort opposées. A l'origine, la loi, étroite et dure, ne connaissait d'autre famille que la famille des agnats (1). La femme était *finis familiæ suæ* : n'ayant pas de nom ni de culte à transmettre, elle n'avait pas de descendance; elle ne pouvait tester, elle ne pouvait avoir d'héritier direct; la loi qui séparait et parquait les familles, avait élevé une barrière infranchissable entre la mère et ses enfants. Plus tard, sous l'influence d'une philosophie qui sut dépouiller le génie romain de sa rudesse sans l'énerver ni l'amollir, la jurisprudence devient plus douce et plus humaine. La barrière qui séparait les familles agnatiques s'abaisse par degrés ; la parenté naturelle, la cognation, prend peu à peu le caractère d'une parenté légale ; la loi accorde aux cognats le droit à des aliments, le droit de succession, le droit de réserve, et au second siècle de notre ère, un grand prince, qui fut en même temps un grand philosophe, veut que le fils succède à sa mère en première ligne et à l'exclusion de tous les agnats (2). Mais, si les applications du principe ont changé, le principe est resté le même : sous Marc-Aurèle comme sous les Douze Tables, il n'y a pas de parenté civile entre un fils et sa mère, le fils n'est pour sa mère qu'un simple cognat, en sorte que toutes les réformes faites dans l'intérêt du fils légitime, tournent au profit du fils naturel et du fils adultérin lui-même, qui sont des cognats comme lui.

Nous pouvons maintenant nous faire une idée générale des

(1) La loi rangeait les *cognati* avec les *affines*, les *necessarii, cari, amici;* ils ne faisaient pas partie de la *familia.* Voyez Klenze, *Zeitschrift f. geschichtliche Rechtsw.,* t. VI, p. 13 et suiv.

(2) Le sénatus-consulte Orphitien fut rendu sur la proposition de Marc-Aurèle. Ulpien, 26, 7.

règles qui concernent l'enfant naturel et les résumer en peu de mots. Elles se réduisent toutes à deux principes, l'on pourrait dire à deux paradoxes. Il n'y a pas, en droit romain, de paternité naturelle : l'enfant naturel n'est pour son père qu'un étranger. Il n'y a pas, en droit romain, de maternité légitime : l'enfant légitime, dans ses rapports avec sa mère, ne se distingue pas de l'enfant naturel.

L'on s'étonnera sans doute que des principes si choquants pour la raison et la conscience modernes aient pu régner encore au temps de Papinien et d'Ulpien ; l'on s'étonnera que cette jurisprudence si humaine, qui avait étendu sa sollicitude jusque sur les esclaves, ait pu oublier l'enfant naturel et méconnaître les droits et les devoirs sacrés d'un fils envers son père. Mais il faut remarquer que, si cette jurisprudence n'accordait au fils naturel aucun droit, elle ne lui en déniait aucun, et qu'elle laissait au père de famille pleine liberté de suppléer par ses dispositions particulières au silence de la loi publique. Bien que les documents précis nous fassent défaut, il n'est pas téméraire d'affirmer que la loi fut ici complétée et corrigée par la pratique, et que, si les principes du droit restèrent immuables, un changement se produisit dans l'opinion et dans les mœurs.

A l'origine, la cité romaine n'était qu'une association de familles. Il fallait être membre d'une famille pour être membre de la cité. Celui qui n'avait pas d'ancêtres, n'avait pas de patrie, pas de nom, pas de dieux (1) ; c'était une sorte de paria dans la société romaine. Telle était probablement, dans

(1) Pas de *patrie* sans *patres*. — Pas de *nomen* sans famille : l'ingénu, le *patricien* (cf. Voigt, *Clientel und Libertinitat*, note 124), c'est celui « qui patrem ciere potest. » Tite-Live, X, 8. L'absence de *nomen*, c'est l'*ignominia (in, nomen)*.

les premiers siècles de la République, la condition de l'enfant naturel. Pour lui, pas de famille paternelle puisque, aux yeux de la loi, il n'avait pas de père; pas de famille maternelle, puisque la femme, aux yeux de la loi, n'avait pas de descendants. Il est un cas cependant où l'enfant naturel n'était pas sans famille : il arrivait souvent qu'un maître prenait pour concubine une de ses esclaves (1). En ce cas, les enfants qu'il avait de cette femme n'étaient pas pour lui des étrangers : c'étaient ses esclaves, ou, s'il leur donnait la liberté, ses affranchis (2) ; ils faisaient partie de sa *familia* ou de sa *gens;* ils avaient leur place autour de l'autel des dieux lares. Mais cette place, ils la devaient, non à leur qualité de fils, mais à leur qualité d'esclaves.

Transportons-nous maintenant aux siècles des Césars. L'ancienne aristocratie a succombé, tous les liens politiques ou religieux qui reliaient la famille agnatique, se sont relachés ou rompus, et dès lors le fils naturel, quoique sans famille et sans nom, va pouvoir s'ouvrir un chemin et se faire une place dans une société où le caprice d'un despote a confondu tous les rangs. Divers textes du Digeste nous prouvent que l'accès des curies municipales, fermé aux affranchis, était ouvert aux enfants naturels (3) : l'enfant incestueux lui-même, dit Papinien, pouvait devenir décurion, et le grand jurisconsulte en donne pour raison cette vérité, que plus tard les empereurs chrétiens ont parfois oubliée, c'est que l'enfant

(1) Voyez *supra*, p. 30, note 2.

(2) Il est souvent question de ces *libertini filii* au Digeste. L. 11, D. *de jure delib.*, 28, 8 ; — L. 17, § 4, D. *ad Sc. Trebell.*, 36, 1 ; — L. 18, *pr.*, D. *ut legat.*, 36, 3 ; — L. 17, § 1, D. *q. in fraud. cred.*, 42, 8.

(3) L. 3, § 2, D. *de decur.*, 50, 2. Cependant, ajoute le jurisconsulte, le *filius legitime quæsitus*, en concurrence avec le *spurius*, devra lui être préféré.

n'est pas complice du crime de sa naissance (1). Dans les inscriptions de cette époque, l'on voit des enfants naturels porter les titres d'édile, de questeur, de préteur (2). Bientôt le monde romain allait proclamer héritier des Césars le fils d'une concubine (3). Dans la vie privée comme dans la vie publique, les mœurs avaient changé, et des inscriptions parfois touchantes nous montrent que bien souvent l'enfant naturel occupait en fait dans la famille la place que lui refusait la loi (4). Saint Jérôme nous dit que, de son temps, l'homme trop pauvre pour se marier et supporter la charge d'une famille, prenait pour concubine une esclave, en avait des enfants, traitait ces enfants comme ses fils et en faisait ses héritiers (5). Plusieurs textes des Pandectes confirment ce témoignage, et décident que les mots *filii* ou *liberi*, dans le testament d'un affranchi ou d'un homme de condition obscure, doivent s'entendre, non seulement des enfants légitimes, mais aussi des enfants naturels (6). Ainsi une réforme s'était

(1) L. 6, D. *de decur.*, 50, 2 : «... Non enim impedienda est dignitas ejus qui nihil admisit. »

(2) Orelli, n° 2686. Ici le *filius naturalis* est désigné comme « Q. Æd. Præt. II vir. Q. », c'est-à-dire « quæstor, ædilis, prætor, duumvir, quinquennalis. »

(3) Constantin. Voyez Zosime, II, 8.

(4) Orelli, n°s 2686, 2689, 2691.

(5) *Epist. 69 ad Oceanum* (ed. Vallars., t. I, p. 418) : « Multos videmus, ob nimiam paupertatem, uxorum sarcinas declinare et ancillas suas habere pro uxoribus, susceptosque ex his liberos colere ut proprios ; qui, si forte ditati ab imperatore stolam ipsius meruerint, confestim apostolo colla submittent, et inviti inter uxores eas recipere cogentur. »

(6) L. 88, § 12, D. *de L.*, 2°, 31 : «..... Creditur appellatione filiorum et naturales liberos, id est in servitute susceptos, contineri. » — L. 17, § 4, D. *ad Sc. Trebell.*, 36, 1 : «..... Mihi autem..... voluntatis quæstio videbitur esse, de qualibus liberis testator senserit ; sed hoc ex dignitate, et

déjà accomplie dans les idées et dans les mœurs ; bientôt, sous les empereurs chrétiens, elle allait pénétrer dans les lois.

Jusqu'à Constantin, l'enfant naturel n'avait été l'objet d'aucune prescription législative : sa condition était réglée, non par des lois spéciales, mais par les principes du droit commun. A partir de Constantin, les lois sur les enfants naturels abondent et se multiplient de règne en règne. Je n'essayerai pas d'exposer dans son ensemble cette législation compliquée et souvent contradictoire. C'est la société antique que j'ai voulu étudier ici, et les lois de Théodose ou de Justinien, par l'esprit qui les anime, appartiennent déjà aux temps modernes. Je voudrais seulement indiquer la direction que la loi nouvelle a suivie, et marquer, par quelques jalons, le chemin qu'elle a parcouru.

Sous Justinien, la puissance paternelle n'est plus un sacerdoce ni une magistrature. Elle a son fondement dans la loi naturelle, et les devoirs de la paternité s'imposent au père naturel lui-même. Désormais, il ne pourra plus repousser son enfant et le laisser dans la misère. Il ne pourra pas non plus le faire entrer dans sa famille légitime et le combler de ses dons ; car il a perdu sa toute-puissance. La loi, plus soucieuse de protéger les bonnes mœurs que de respecter la liberté civile, a mesuré la part de l'enfant naturel ; elle a marqué sa place, à côté, mais en dehors de la famille. Son père ne peut, ni le relever de ses incapacités, ni le priver de ses droits.

ex voluntate, et ex conditione ejus qui fidei commisit accipiendum erit.» — Ce point avait fait l'objet d'une controverse entre les anciens jurisconsultes, entre Labéon et Trébatius. L. 11, D. *de jure del.*, 28, 8. Voyez aussi L. 77, § 13, D. *de L.*, 2°, 31.

La mère, comme le père, va prendre dans la famille une
position toute nouvelle. L'ancienne jurisprudence ne voyait
dans la filiation maternelle qu'un simple rapport de fait;
tous les enfants, naturels ou légitimes, succédaient à leur
mère au même titre et sans distinction. Justinien abroge
cette loi comme injurieuse pour la mère (1). Il n'appelle à
la succession de la matrone de haut rang que les enfants issus
du mariage, il en exclut les bâtards. Par là, il consacre la
maternité légitime et fait entrer la mère dans le cercle de
la famille légale, d'où l'ancien droit l'avait exclue.

En créant pour l'enfant naturel une incapacité nouvelle,
la loi voulait frapper, non pas l'enfant innocent, mais les parents coupables. Aussi a-t-elle gradué l'incapacité de l'enfant
suivant la faute des parents, et distingué, pour la première
fois, plusieurs classes d'enfants naturels : à l'enfant né de
l'inceste ou de l'adultère, elle a refusé jusqu'à des aliments
et, pour ainsi dire, jusqu'au droit de vivre (2) ; au contraire,
au fils de la concubine, elle n'a retiré certains droits qu'en
lui octroyant des droits nouveaux : elle lui a donné une part

---

(1) L. 5, C. *ad Sc. Orphit.*, 6, 57 : «.... cum in mulieribus ingenuis et
illustribus, quibus castitatis observatio præcipùum debitum est, nomi-
nari spurios satis injuriosum satisque acerbum et nostris temporibus in-
dignum esse judicemus. » Dans l'ensemble de sa constitution, Justinien
distingue trois classes d'enfants : le « filius ex justis nuptiis », le « spurius cui pater incertus sit », le « filius ex licita consuetudine », c'est-à-
dire *ex concubinatu.* La *mulier illustris* ne pouvait avoir que des enfants
des deux premières classes, et ses fils légitimes lui succédaient seuls ; au
contraire, si la mère était de condition inférieure, les enfants nés *ex concubinatu,* et probablement même les *spurii,* lui succédaient en concours
avec les enfants légitimes.

(2) Novelle 89, c. 15 : « ... Iste neque naturalis nominetur neque
alendus est a parentibus. » — L. 45, C. *de episc.*, 1, 3.

de l'héritage paternel, elle lui a ouvert la porte de la famille par la légitimation. Tous ces droits, la loi ne les accorde qu'au fils de la concubine (1) ; et dès lors le *concubinatus* prend une importance juridique qu'il n'avait pas autrefois. Mais gardons-nous d'en conclure qu'il ait reçu des empereurs chrétiens cette consécration légale que lui avait refusée la loi païenne (2). Condamné par les pères de l'Eglise, le concubinage n'a été toléré qu'à regret par Constantin et ses successeurs, qui, loin de lui donner une sanction nouvelle, n'ont cessé de le combattre et l'auraient interdit s'ils avaient osé (3).

(1) Novelle 18, c. 5 : « ..... Sit autem ei domi, donec vivit, libera mulier in habitu concubinæ cum eo degens, et filii ex ea (talibus enim solis hæc sancimus, ubi omnino indubitatæ sunt sive concubinæ in domo habitæ, sive naturalium ibidem prolis et nutrimentum) ... »

(2) Les enfants nés *ex contubernio* étaient traités plus favorablement encore par Justinien que les enfants *ex concubinatu* (§ [10, Inst., 3, 6) ; en conclura-t-on que le *contubernium* fût une union légale ? — Sous la loi moderne, l'enfant naturel, quand il est reconnu, est traité plus favorablement qu'il ne l'était sous Justinien ; en conclura-t-on que, de nos jours, le concubinage entre un homme et une femme qui reconnaissent leur enfant, soit une union légale ?

(3) Pour détourner du *concubinat*, Constantin fit agir tour à tour, comme le dit fort bien J. Godefroy (sur le Code Théodosien, 4, 6), les deux mobiles les plus puissants sur la conduite des hommes : la crainte des peines, l'espoir des récompenses : les peines, ce sont les incapacités dont il frappa les enfants naturels ; la récompense, c'est la légitimation qu'il accorda aux enfants dont les parents contractaient un légitime mariage. — Plus tard, les empereurs byzantins firent ce que n'avaient pas osé les empereurs d'Occident : ils revêtirent d'une sanction civile les canons ecclésiastiques qui prohibaient le concubinage (Novelles de Léon, 91 ; cf. Basiliques, XXVIII, 11, n° 17 ; LX, 37, n° 83). Mais cette prohibition eut un caractère exclusivement pénal : tout concubinage constitua un *stuprum* et fut puni, suivant les circonstances, de six ou de douze

Tels sont les principaux traits de cette grande réforme législative. Elle eût mérité de plus longs développements ; mais ces quelques indications suffiront, je crois, pour montrer que le droit de Justinien, trop dédaigné par la science moderne n'est inférieur que dans la forme au droit des Papinien et des Gaïus, et qu'il marque, dans l'histoire des sociétés humaines, non un déclin, mais un progrès.

coups de verge ; mais les enfants nés *ex concubinatu* n'en conservèrent pas moins tous les droits que Justinien leur avait conférés (Harménopule, IV, 9, n° 34 ; V, 8, n°ˢ 66, 67 ; VI, 3, n° 1.)

Orléans. — Imp. Ernest Colas.

A LA MÊME LIBRAIRIE.

Fayard, conseiller à la Cour d'appel de Lyon. — Aperçu historique sur le Parlement de Paris, 1877-78, 3 volumes in-8°, brochés......... 76 »

Le Parlement de Paris sous Charles VIII, les débuts du règne, le procès criminel d'Olivier le Dain, par Georges Picot, conseiller à la Cour de cassation, 1877, 1 vol. in-8°, ... 2 50

Mœurs juridiques et judiciaires de l'ancienne Rome, d'après les poëtes latins, par Henriot, conseiller à la Cour de cassation, 1865, 3 vol. in-8°.. 12 »

Pierre de Boisguilbert, précurseur des économistes, 1646-1714, sa vie, ses travaux, son influence, par Félix Cadet, 1871, 1 vol. in-8°...... 5 »

Des nullités en Cour d'assises, par Deyses, conseiller à la Cour d'appel de Toulouse, 1877, 1 vol. in-12..... .... 3 50

La sépulture au point de vue du droit et de la loi, par Maurice André, avocat, 1876, 1 vol. in-8°............................ 7 »

La juridiction commerciale à Lyon, sous l'ancien régime, étude historique sur la conservation des priviléges royaux des foires de Lyon (1463-1795), par J. Vaesen, 1879, 1 vol. grand in-8° .... 7 »

Archives municipales d'Agen, Chartes, 1re série, 1189-1378, publiées par A. Magen et G. Tholin, 1876, 1 volume in-4°, broché......... 15 »

Registres des comptes municipaux de la ville de Tours, avec notes, commentaires, éclaircissements et tables, publiés sous le patronage de la Société archéologique de Touraine, par J. Delaville le Roux, archiviste paléographe, membre de la Société archéologique de Touraine, 1re série, tome Ier... 15 »

La première série formera huit volumes.

Henri IV, sa vie, son œuvre, ses écrits, par J. Guadet, auteur du supplément au recueil des lettres missives de Henri IV, publié par le gouvernement, 1870, 1 vol. in-8°, broché............................. 6 »

9 782019 262372